声を出して笑っていただきたい本

西森洋一

まえがき

この本は、僕が毎日書き続けている日記の、一部を抜粋して、まとめたものです。
真実のみを、書いています。

気を付けて下さい！　句読点が多いですよ！

ブックカバー無しで読む、強者《つわもの》が現れることを、期待しています。

この本は、プレゼントや、手土産にも、適しています。　編集者との、打ち合わせで、そう決まりました。
なので、二冊三冊と、是非どうぞ。

では、黙読、ＧＯ!!

目次

親父が倒れた

僕が二十歳のときに、親父が倒れた。

実家ではなく、勤めていた西淀川《にしよどがわ》の工場の電話が鳴った。母親からだった。

「お父さんが倒れたから、すぐ帰ってきて」とのことだった。

当時、乗っていたアメリカンバイクを飛ばし、病院へ駆けつけた。

親父は普通にベッドに座り、喋っていた。

でも、いつもより元気がない。その後、原因不明で二、三日、病棟をたらい回しにされた。

そして、検査結果が出た。

精神的に参っているとのことだった。要するに、頭がおかしくなったのだ。

でも、僕ら身内からすれば、親父の言動は、いつもと同じ。

何やら、親父の脳みそが芸術家タイプらしく、同じことの繰り返しなどは、してはいけないらしい。

親父は、自分の工場で、小さな部品の大量生産をしている。俗に言う「やってもうてる」というやつだ。

真逆……やってもうてる。

たらい回し中、胃カメラも飲んでいたので、後日、その結果を聞きに行くのに付き添った。

親父が乗る車椅子を押して、診察室へ。

「本当は歩ける」と、母は言っていた。

しかし、本人が「歩けない」と、言い張るらしい。

ウンコが漏れそうなときは、小走りで行くらしい。

僕は仕方なく、車椅子を押した。

診察室に入り、先生から報告を受ける。

「ほんの少し、胃が赤くなっているところがあります。でも、特に問題はないです。全く胃潰瘍《いかいよう》とかでもないです」

僕は胸を撫《な》で下ろした。しかし、その先生の発言に、少し食い気味で親父が話しだす。

『先生、僕ね、胃ガンなんですわ』

先生のことは無視して、胃ガンだと断言しだした。

末期ガンで、家族にだけ本当のことを告げているパターンではない。

僕らは何も聞いていないし、本当に少し赤くなっているだけなのだ。


『先生、僕ね、胃ガンなんですわ』

「はい?」

『僕、胃ガンです』

「いや、違いますよ、ほんの少し胃が赤くなっているだけです」

『いや、胃ガンです』

「いや、大丈夫ですから」

『いや、胃ガンです。ほんでね、ときどき、心臓も止まりそうになってます。なんか急にグッと胸がなって、止まりそうになってます』

「西森さん……他も全部調べましたが、心臓も大丈夫です」

『いや、先生、ホンマに、胃ガンですし、心臓も止まりそうです』

これが、五分ほど続いた。

僕は、後ろで車椅子のグリップを握りながら、泣きそうになった。

親父は、ちゃんと、おかしかった。

今思えば、笑《わら》けて仕方ない。言われてみれば、いつも、こんな感じだ。

でも、なぜまた、胃ガン限定なのか？

『先生、僕はガンなんでしょ？　本当のことを言ってください』なら、まだドラマチックで、雰囲気も保たれる。

しかし、『僕ね、胃ガンなんですわ』って……何の根拠もない。

他の個所の検査を受けているときは、どう思っていたのか？

『胃ガンやのになぁ……もう、分かってんのになぁ』

と思っていたかも知れない。


五分ほど続いた、この攻防の最後の方は、先生も、

「いや、だから、大丈夫って言ってるでしょうが！」と、完全にキレていた。

僕は限りなく小さな声で、「いや、もう……」としか、言えなかった。

言うまでもないが、全て事実。
仕事で、話を聞かない人に会うと、親父そっくりだ、と思う。
そういう人と会うたびに、
『僕ね、胃ガンなんですわ』を思い出す。

おやすみなさい。

給料明細

遅れて届いた、給料明細書を見た。

給料明細は、左から「何月何日」「仕事内容」「金額」、そして一番右に「備考欄」がある。

一つの仕事に対して、横長に書かれ、それが段積みになっている。

劇場出番の場合、一番右の備考欄には、「二ステージ分」と書かれていたりする。


ほとんどの場合、一番右の備考欄には、何も書かれていない。

ABC朝日放送の『Aさんの話』という番組で毎回やっている、「ジャッジ洋一」というロケコーナーがある。罰ゲームを凝縮したような、きついロケだ。


それの欄を見つけた。

放送日から見ても、大蛇《だいじゃ》に腕を噛《か》まれた回の記載だ。歯が腕に刺さり、血も出た。

かなり、きついものだった。

よく見ると、いつもよりギャラが良い。１・２倍に、なっている。

いつもは何も書いていない備考欄に、一言だけ、何か書いていた。

漢字二文字で「過酷《かこく》」。書いていた。


なんじゃ、こりゃ。

確かに過酷やったけど。

今までも、過酷な回は沢山ありましたよ！


今回に限っては、「さすがに酷すぎる」と、なったのかも知れない。


パソコンで誰かが「過酷」と打ったと思うと、笑けて仕方がない。

「カタカタカタ」……「変換」……「過酷」。メガネ、上に「シャッ」。

「シャッ」や、あれへん。

要するに「蛇に腕噛まれ出血手当」だ。
このロケでは、毎回のように血が出ている。そして、それを余すことなく、放送する。
「Ｍｙヘモグロビン」も喜んでいる。

全長二十五センチほどある、スーパーサイヤ人になった孫悟空のフィギュアを、背中に落としたこともある。
逆立《さかだ》った髪の毛の方から、落とした。これも、血が出た。

もっと、手当が欲しいものだ。

最終的に、スタントマンの給料明細みたいに、なりそう。

おやすみなさい。

洗濯物が舞う

僕の家のすぐ裏には、会社がある。

ベランダから手を伸ばせば触《さわ》れそうなほど、隣接している。

マンション二階のベランダから、その会社の敷地内に、よく洗濯物が飛んで行く。

社屋と、高さ二メートルのブロック塀《べい》の、隙間に入るのだ。

人が一人、何とか通れる隙間に、シャツが四枚、クッションカバーが二枚、フカフカの四畳半ぐらいの大きさのじゅうたん一枚。

取りには行けるが、ヨメも僕も面倒臭がって、放置。

今日もそれを眺めながら、ベランダでタバコを吸っていると、ヨメが、

「落ちてる洗濯物、取ってくるわ……あっくん、昼寝してるから、家おってや！」

あっくんとは、もうすぐ一歳になる息子のことだ。

僕は今日、休み。急に外出されては、と思い、告げてきたのだろう。

ベランダの真下辺りに洗濯物はあるので、引き続きタバコを吸いながら、洗濯物を回収するヨメを見ることにした。


建物と、塀の隙間に、入るヨメ。

なんとなく面白い。笑えば、絶対にキレられる。そこは、我慢。

考えてみれば、これは、男の仕事だ。

でも……ヨメはもう、隙間に到着してるし、良しとした。

何回もの雨で汚れまくり、ドロが付いた挙句、後に乾いて、
板のようにカチカチになったTシャツを持ち上げ……ヨメ……呟いた。

「これ、気に入ってたヤツや……」

ベランダの塀に、しゃがんで隠れ、僕は笑った。

声、押し殺して笑った。見つかったら、大変だ。

「これ、気に入ってたヤツや……」

何回も言わないで……笑ける。

「なかった訳や……」

喋らないで……笑ける。

その後、ヨメは……じゅうたんも回収しようとした。

持ち上げると、じゅうたんと地面の間に、虫。

「ヒャ～」

さすがに可哀想に思い、「それは、もう、ええんちゃうか」と、引き揚げさせた。

今度、僕が、取りに行くことになると思われる。

面倒くさい。
おやすみなさい。

河川敷でゴルフ練習

ゴルフ熱に冒《おか》されてしまっている。

夜中、淀川の河川敷でゴルフの素振りをした。

誰も得をしない素振りだ。ゴルフが上達しても、仕方ない。分かっている。やりたくて、仕方ないのだ。

川があってすぐ横に、芝生が広がっている、野球場などがある。

そしてその横が堤防、その堤防の外側にも芝生が広がっている。全く使われていないスペースだ。そこの芝生をアイアンで、削りまくる。

三十分ぐらい、削りまくったときに、何か視線を感じた。

堤防の上から、僕の方を、仁王立ちで見ている奴がいる。

たぶん、ガタイの良い男性だ。夜中で、百五十メートルほど離れているから、はっきりとは見えないが、僕を監視している感じだ。

一応、言い訳を考える。「ここは、誰も何にも使っていないのだから、芝生がちょっと削れようが、かまわないでしょ」と。
特に近づいて来ないので、無視した。そしてまた、一心不乱で芝を削り続けた。
来てから一時間ほど経ち、「そういえば」と思い、見てみた。

まだ立っていた。
ずっと、こっちを見ている。

怖くなってきた。切り上げて、帰ろうと決めた。
怖い、怖いけど、無茶苦茶気になる。
来た道とは違う、仁王立ちの十メートル手前にある道を通って、帰ることにした。
ゆっくりと自転車で近づき、あまり、ジロジロ見ないようにする。
真横近く、さしかかったとき、一瞬だけ、チラッと見た。

ふとい鉄の配管だった。

仁王立ちしているように見えた奴は、何かの配管だった。鉄の配管にずっとビビりながら、素振りをしていた。冷静に考えれば、一時間も俺を見張る訳がない。恐怖心というものは、平常心を無くさせる。アホらしい。

本チャンのゴルフ場でも、これに似たことがあった。確か、そのときは、千鳥のノブさんもいた。

何ホール目か忘れたが、ティーショットを打とうしていた。ティーショットとは、そのホールの一打目である。

僕が打とうとしたとき、二百メートルほど先のコースの端にある、水銀灯の柱の根元に、何か見えた。根元には、変電板のような物があり、それを、飛んで来たボールから守る為に、前に金網がある。

その金網と変電板の間に、人のようなものが立っている。

僕は、自分が打つ前に、気になり、皆に言った。

「なんか、あそこの網の所、人いません？」

ノブさん『え〜、あれ、人ちゃうやろ、全然動いてないやん』

「そうですかね、なんかずっとこっち見てるような！」

『気持ち悪いこと言うなよ、あんな所に人おらんやろ』
そんなやり取りがあり、全員一打目を打ってスタート。
四人乗りカートに乗って、皆でワイワイ騒ぎながら、進んでゆく。
そして、気が付くと、二百メートルほど進んでいた。
なんとなく、水銀灯の根元を皆、見た。

変電板と金網の間に、無表情のおばちゃんが立っていた。

無茶苦茶、怖かった。
おばちゃんは、キャディーの格好をしていた。全員で、「人や人や、人がおった」と、大騒ぎになった。

というか、あそこの間で、何をしていたのか?
どういう仕事なのか？ 時給は発生しているのか?
違うおばちゃんが来て、交代するのか?
あそこで、お昼を食べるのか?

なぜ、あんなに無表情なのか？
近づいて行って見たら、もしかしたら人形なのか？
そのホールは、気が散って仕方なかった。
おやすみなさい。

村上君

漫才劇場で四回、MCをした。

終わってから、フルーツポンチの村上と、ｓｐａｎ！のまこっちゃんと、ご飯へ行った。焼肉を食べた。


昔、年収がもっと多い頃には、よく焼肉へ行っていた。

その頃に行っていた店が二軒とも満席で、仕方なく、ワンランク上の焼肉店へと入った。

全く安い店でもないのに、ゴールデンウィークということで、レジ前で少し待ってから入った。

ビールで乾杯。肉、頼んだ。ほどなく肉、来た。

肉少なっ。値段に対して、肉少なっ。

「これなら、牛も、死にがいあるやろうな」と思うほど、肉少なっ。

確かにうまいけど、これなら、いつもの店の方が少しうまい。しかも、いつもの店は、ここより、はるかに安い。この店はコストパフォーマンスが悪すぎて、美味《おい》しく感じない。

ああ、あの、いつもの店行きたい。

この店は、いつもの店よりハラミが一人前五百円も高い。はあ、いつもの店行きたい。

フルポン村上は、東京という、世界レベルでも、かなり物価の高い地域に住んでいるから、値段を見ても、眉ひとつ動かさない。

場の空気が壊れるから言わなかったけど、「村上君、あんまり、頼むんじゃないよ」と言いたかった。

「西森はいつも、もっと安いものを食べているんだよ」と言いたかった。

「子供増えて、年収減ったから、お金がないのだよ」と言いたかった。

まこっちゃんが、ご飯の「大」を頼んだ。

「ナイスだ、まこっちゃん。そうだ。安い物で、お腹をふくらませるんだ。ファインプレーだ、まこっちゃん」

言ってあげたかった。

「ご飯の大を頼む後輩リスト」を、作っておこう。

結局、三人で二万四千円した。高い高い高い。

財布に、二万六千円しか入ってなかったし。

いつもの店なら、一万円以上安い。単純に財布に現金がなかったので、カードで払った。

そのときも、言わなかったが、言いたかった。

「見なさい！　村上君。西森お兄さんは、ゴールドカードじゃないんだよ。青い色のNTTドコモカードなんだよ。……これしか、審査に通らなかったんだよ。上限は確か、五十万円だよ。西森がひと月に五十万円以上買い物をしたら、払うことができないと思われているんだよ。それが、西森に対する世間の評価だよ」

言いたかった。

はあ、いつもの店行きたい。

今度一人で行こう。

おやすみなさい。

美容院

いつも行く、美容院へ行った。

薄々、感じていることがある。たぶん、俺だけ、頭洗う回数多い。

行ってすぐ一回半、洗って……髪切ってからガッチリ二回洗う。

なんか多いような。


たぶん、あの事件のせいだ。

この美容院に通いたてのころ、前日に風呂へ入らず、行ったことがある。そのときは、はじめにシャンプーはせず、さっとお湯で流しただけで終わった。

そして、その後、ドライヤーで乾かしてもらってから切っていくはずだったのだが、前日に風呂に入っていないので、頭皮の汚い油がお湯で浮き上がってきて、その悪臭を、ドライヤーで店中にまき散らす形となった。自分で臭《くさ》いと思うということは、他人からしたら耐えがたいニオイだ。

公園に落ちている犬の乾燥したウンコに、雨が染み込んで、ニオイが復活する……

あの現象と同じだ。

カムバックデンジャラス……あの現象を「カムバックデンジャラス」と言うことにする。

あの日、そこの美容師たちは、僕の悪臭の話で盛り上がったと思う。

そして、次回から「西森は最初よく洗うこと」と、なったと思う。


店の中の、スタッフオンリーと書かれた扉の向こうには、隠し撮りされた常連客の写真と、その横に、それぞれの注意書きが貼ってあると思う。

当然、僕のもある。

『西森は最初よく洗うこと。　カムバックデンジャラスあり』

書いていると思う。

壁一面に、顧客の注意書きが貼ってある。

『長谷川には、話しかけるな。　話しかけると、最低一年半は来なくなる』

『佐伯は、ほとんどの時間、切っているふりで良い。　どうせすぐ、また来る。　金持ち、ハゲ、カモ』

『飯田には、雑誌を店にあるだけ持って行け。　速読術あり』

貼ってあると思う。
おやすみなさい。

スプリンタートレノ、通称「86」

フットサルへ行った。スプリンタートレノ、通称「86」で、行った。
四十年前に発売された車だ。
今は、調子が良い。二年ほど前までは、故障の嵐だった。
書いておかないと、いけないことが、二年前にあった。

二年前……スターターの調子が悪くなった。

スターターとは、エンジンをかけるときに、「キュキュキュキュキュ」と、鳴るやつだ。
どの車も、小さなモーターの力で、エンジンをかけている。そのモーターのことを、
スターターと呼ぶ。
それの調子が、すこぶる悪くなった。

「カッティ〜ン」、とだけ鳴って、少しも「キュキュキュキュ」言わなくなった。

何度、鍵を捻《ひね》っても、その都度、一回だけ「カッティ〜ン」。

今にも「キュキュキュキュ」言いそうだけど……「カッティ〜ン」だけ。

エンジンが冷えているときは、威勢よく「キュキュキュキュ」と、すぐ、かかる。

車に乗る。目的地へ向かう途中に、コンビニへ寄る。

買い物を済ませ……また、エンジン始動。このときは、エンジンが熱い状態。

すると、「カッティ〜ン」。かからない。


イラッとくる。俺の方が「カッティ〜ン」やし。思う。


ネットで調べると……「三十年ぐらい経った86のスターターは、壊れる方向に向かう」とあった。

エンジンの熱で、スターターが馬鹿になるらしい。

壊れかけると、冷えた状態ではかかるが、エンジンが熱い状態では、かからないらしい。


ある日のコンビニで、エンジンが、かからなくなった。

冷たい五百ミリリットルのお茶を買って、スターターにかけた。

なぜ、お茶にしたのか、今でもよく分からない。


「お茶が飲みたい。でも、スターターには、何か、かけたい。水は嫌だ。今は、お茶の気分だ。お茶なら、ギリ、大丈夫なはず」だったと、思う。

86には、少し泣いてもらい、お茶にした。

「おい、何かけとんねん！」と、なったと思う。


二回、かけた。

二回目は、そのお茶のペットボトルでコンビニの便所の水を汲み、それをかけた。

「初めから、そうせぇよ」……聞こえた感じがした。


三十分ほど足止めをくらって、エンジン始動。

その日に車屋に電話し、二日後、修理に持って行くことにした。
車屋は、堺市《さかい》にある。

二日経ち、修理に持って行くために駐車場へ行き、車に乗り込む。

鍵を捻る。「カッティ〜ン」

いや、いや、聞いてない。エンジン冷えてますけど。
そこからは、何度やっても「カッティ〜ン」。

「実は……前回の、キュキュキュキュで、最後でしてん」聞こえてくる。

「先、言うとけや！」思う。心の中で、一人で機械と、言い合い。

何なら……何度も鍵を捻り、バッテリーに負担をかけすぎたのか、
「カティ」

ぐらいしか、鳴らなくなってきた。

「あと一回、なぜもってくれない」と、無茶苦茶、腹が立った。

腹が立ちすぎて……立体駐車場から、車を引きずり出した。

自分でも意味不明な行動だ。

もちろん、エンジンは、かかっていない。だから、手で押して、引きずり出した。

「ちょっと、お前、表《おもて》、出ろ」って感じ。

実際の私生活では、人間に対し、一回も言うたことないくせに……このとき、僕は車に対し、「ちょっと、お前、表、出ろ」をやった。

ベアリングが付いているくせに、なかなか、すんなり出ない。

そして、駐車場の外へ出してから……「どうしよう」となった。

引きずり出しては、みたものの……。

考えた。

そして、「押しがけ」を、することにした。

「押しがけ」は……その名の通り、車を押して、エンジンをかける。

車のタイヤとエンジンは、当たり前だが、連動している。

だから、エンジンが、かかっていなくても、ミッションのギアを繋いだままタイヤを回せば、強制的にエンジンは回転する。僕の車はマニュアルだ。

鍵を捻って、車の電源を入れ、ギアも入れた状態で……無理やりタイヤを回せば、エンジンは始動する。

初めのきっかけさえ掴《つか》ませれば、後は惰性で、エンジンは点火し続ける。エンジンは、そういう仕組みになっている。

だから、「押しがけ」を、することにした。

ミッションのバイクでは、自分でも、やったことはあるが……車で、しかも一人で、やったことはないし、やっているのを見たこともない。

実際、どうするか。それは……

ギアは、はじめはニュートラルにしておく。ギアが入ったままでは、押せないからだ。

そして、運転席のドアを開けたまま、中には乗らず……左手はハンドル、右手はドアを持ち……死にものぐるいで、押して、走る。

一人で、ジョギングぐらいのスピードまで、押す。

ワット数は、ジョギングの比ではない。

そして、ある程度、速度がついたら、運転席に飛び乗る。

と同時に、ドアも閉める。

乗った瞬間に、クラッチを踏み、ギアを二速に入れる。

勢いが、死ぬ前に……一瞬でそれを終わらせ……クラッチを半クラッチにして、ギアを繋ぐ。

これで、タイヤを強制的に回している状態になる。

押した車の勢いだけでは、足りないので……残りわずかなスターターの力も、ここで同時に借りる。

半クラッチで、ギアを繋ぐ。と同時に、鍵も捻る。

と、これまた同時に、軽くアクセルをふかす。

飛び乗った瞬間からここまでを、なんと0・5秒でこなす。

それぐらいの早技でやらないと、車が止まってしまうのだ。

「ウオ〜〜」って感じで、押した。

実際……一人だったが、「んん〜〜」ぐらいは、声が出た。

駐車場の前は、狭い、狭い、一方通行だ。

そこを、ドアを開けたまま、押す。

自転車とすれ違うのも困難なほど、道幅いっぱいを使い、突進。

「ウオ〜〜〜」前から、誰も来るなよ。

「ウオ〜〜〜」すぐ人、来た。

向かいから、自転車の、おばちゃんが来た。

おばちゃんは、「なんの騒ぎだ」と、目を点にして、自転車から降りて、立ち止まった。

強い視線を感じる。

逆に、これを見ない奴が、いる訳ない。

車を押して、走っている奴がいる。

見ない訳ない。


僕はもう、走り出している。

止まるとまた、一からやり直し。しんどすぎる。

だから、おばちゃんは無視。

「いつも、このやり方で、かけてます」って顔で、押しまくった。

おばちゃんの手前、十メートルの地点で……飛び乗った。

飛び乗る。

ドア、閉める。

クラッチ、踏む。

ギア、入れる。

半クラッチ。

ギア、繋ぐ。

同時に、鍵、捻る。

「カチ、キュ、カチ、キュ」

アクセル、ふかす。


「キュキュキュキュ、ブ〜〜〜ン」

「ブオ〜〜ン、ブオ〜〜ン」

なんと、一発で成功した。


車の中で、窓も閉まっている。

ホンマに「ウオ〜〜〜」叫んだ。

心臓が、バクバク、鳴っていた。

おばちゃんと、すれ違う。
僕側に、おばちゃんは立っていたので……すれ違いざまの距離、一メートル。
おばちゃん、僕を、超ガン見。

僕、無視。
「いつも、こうなんで」と、無視。
フォンフォン言わせて、そのままノンストップで、車屋へ行った。

書いておかないと、いけない事件だった。

おやすみなさい。

小田はもうすぐ死ぬ

東京で行う日記ライブの打ち合わせをした。
ゲストで、前の相方、「おいでやす小田《おだ》」に出てもらう。
喫茶店で、二人で打ち合わせをした。
小田は、打ち合わせの間、ずっと、咳《せき》ばらいと咳の間みたいな、
「んぇっ」「んぇっ」という変な咳をしていた。
一分に四回ほどするので、気になった。

「どうしたん？　大丈夫？」
『分からん、ずっとやねん。　でも大丈夫』

たぶん、近いうちに小田は死ぬ。

おいでやす小田が死んだ場合の、スポーツ新聞の見出し。

「おいでやす小田、天国からおいでやす」
「おいでやす小田、R-1振るわず、自殺の可能性もあーるわーん」
「おいでやす～、言っておきながら、あの世へ出向く」
「小田に天国から、死のオーダー」
「京都出身おいでやす小田、一見さんお断りで、天国行けず、地獄へ……」
「鳥みたいな顔の、関西のピン芸人、死ぬ」

みなさんも考えてみてください。

おやすみなさい。

聞こえてくる

一歳三ヶ月になる息子が、リビングでヨメのカバンをあさっていた。

中から、オムツと、おしり拭《ふ》きを取り出し、僕に渡してきた。

まだ、喋ることはできない。


「ん〜」

とだけ言って、渡してきた。　堂々としたものだった。

「ん〜」としか言っていないが……なんとなく聞こえてきた。

「俺ができるのは、ここまでや。　後はお前に託す」と、聞こえてきた。


ウンコしてた。

子供の感覚には驚かされる。　堂々と、俺のウンコを拭けと、渡してくる。

息子が可愛くてよかった。

しかし、まぁ、堂々とオムツを渡してきたな、と思う。

「ほれ、裸で悪いけど、祝儀《しゅうぎ》や」って感じだった。ウンコ漏らしてるくせに。

「これで美味《うま》いもんでも食え」って感じだった。ウンコ漏らしてるくせに。

靴を履かせているときも、毎回、偉そうだ。

片一方ずつ、足を出してくる。

喋れないが、それは、してくる。そして、足の方は見もしない。

聞こえてくる……。

「足は出すけど、そのマジックテープちゅうもんが、どうも性に合わん。そこはお前が、せえ」

聞こえてくる。

「大き目の靴を買いすぎるから、俺すぐ、つまずくねん。小まめに何足も買い替えろよ……なぁ？　金ないんか？　ほんで、何ぼーっとしてんねん。起こしてくれ」

聞こえてくる。

「前々から、感づいてるとは思うけど、俺、木の葉っぱ、怖いねん……木が少ないルートで、スーパー行ってくれるか？」

聞こえてくる。

「オッパイも出えへんくせに、偉そうにすな！」

聞こえてくる。

聞こえてくる。

おやすみなさい。

逆にしてみよう

京都の祇園《ぎおん》花月、二ステージして、夜、ラジオだった。

深夜零時半、自転車で自宅へと帰っていた。

その道中、すごくハートフルな出来事を目《ま》の当たりにした。


五十代半ばのおじさんと、三十代半ばの男性が歩いていた。

五十代のおじさんはベロベロで、三十代の方が支えながら歩いていた。

たぶん親子だと思う。　歩道を二人でよたよた。

その少し前を五十代半ばの女性が歩いていた。

たぶん、おじさんの奥さんだ。　三人は家族だ。　勝手に決めた。

すると、お母さんが急に走り出し、進行方向二十メートル先の電柱に、だんなと息子からは見えないように隠れた……そして左目だけ電柱から出して、二人を見ている。

「お～い、どこでしょう？」

僕は「かわいい人やな」と思った。

ドラマなんかでは、よくあるけど、実際する人は少ない。この家族はほんまに、円満に、いってるんやろうなと思った。

お母さんは、その電柱の裏でずっと隠れていて、お父さんがすぐ手前まで来たときに「わ〜」「びっくりした〜？」と言っていた。

あやうく、涙が出そうになった。

勝手に、「このお母さんの生前の映像はこれです」という感じで、死んだ人の生きてるときのＶＴＲを見てるのかと、錯覚した。

しかし、かわいい。あの歳にして、妖精そのもの。

でも、かわいすぎるし、ハートフルすぎる。


なので、逆にしてみます。

《逆にしてみよう、覆してみよう》のコーナーです。

やってみます。


ベロベロになったお父さんのケツを蹴りながら、家へと向かっている。

「はやく歩けよじじい」と、お母さんが叫ぶ。

深夜のベッドタウンに、お母さんの怒号がこだまする。

息子は止める。「やめて、お母さん。お父さんが、かわいそう」

そのフレーズの繰り返し。

息子の仲裁がしつこいので、お母さんは息子に対しても、ついにキレた。

息子の顔も見ずに裏拳。

スナップのきいた拳が角度よく入り、息子は膝《ひざ》からくずれ落ちて失神。

お母さんは一度も息子の方を見ることなく、なおも、お父さんのケツを蹴りながら、帰っている。当然、息子、置きざり。お父さんは蹴られる度、嫌々、アスファルトにヘッドスライディングする。

手の平はもうズルズル。

倒れたままだと、首根っこを掴まれて片手で起こされ、起きたところを、すぐさま蹴られる。

これは勘弁ならんと、お父さんは残りの体力を全て使い切る勢いで、走って逃げた。

しかし、酔っているのもあり、判断力が鈍っている。

二十メートルほど先にある、電柱の裏へ隠れた。

お母さんからは、丸見えだ。

お母さんは、ゆっくりと電柱に歩み寄る。

お父さんは、上手く捲《ま》けたかも知れないと、ドキドキしながら身を隠している。

酔っていて、判断力は鈍ったまま。

お母さんは、お父さんが身を隠している電柱の裏に立ったまま、なぜか動こうとしない。

お父さんも、ドキドキしながら、電柱に張り付いている。


十分ほどたった。

何の音もしない。深夜のベッドタウン。

お父さんは、もうさすがに誰もいないだろうと、ゆっくり電柱から顔だけを覗かせた。

そこへお母さんが、ハイキック。お父さんは、顔を出した方とは反対側へ、また
「不本意ヘッドスライディング」。

お父さんは、左こめかみにキックを受ける瞬間、小さい声で、

「やっぱり、おったんや……」

でも実際には「やっ」って発しただけ。

お母さんのハイキックが鋭すぎて、「やっ」て言うただけ。お父さん、そのまま失神……。

お母さんが低い声で「びっくりした～？」。

お～怖《こわ》。逆にしてみたけど、お～怖。

おやすみなさい。

今日出てる人やね

徳島の市民会館で、二回漫才した。

合間に、喫煙所でたばこ吸った。

市民会館なので、職員は市の公務員だ。そこの職員であろう六十歳ぐらいの、おばちゃんが、話しかけてきた。

「いやあ、あれやね、あの〜、誰か分からんけど、今日出てる人やね」

『あっ、はあ』

「へえ〜。誰か分からんけど、一応、握手しといてもらお」

『は、はあ、どうも』

「へえ〜、すごいねえ」と言って、おばちゃんは去っていった。


すぐ、また戻ってきた。

手には出演者が載っているポスターを持っている。

それを指さし、「ええと、どの人？」。

『えっ、あっ、これです』
「へえ〜、ああ、そう……」

しばきまわしたろか。
ババア、しばきまわしたろか。
知らんかったら、そっとしといてくれ。

このおばちゃんは、たぶんネットショッピングのとき、
というかネットショッピングは、したことないとは思うが、
もし、したとしたら、カートに商品入れまくるけど、ほぼ何も買わへん人やと思う。

おやすみなさい。

悪魔との契約

「ＦＣ林《はやし》」のライブがあった。
プライベートで作った、ギャロップ林さんのフットサルチームのメンバーが、出演するライブ。 フットサル中のエピソードなどを話したりする。

林さんは、禿《は》げている。
一時間半のライブで、丸一時間、林さんのハゲいじりだった。
林さん、ずっと声張り上げて突っ込んでた。

打ち上げもあった。 そこでは、三時間、林さんのハゲいじり。
打ち上げの方が長いという。
パターンが尽きないという。
しかも、隙間なしで、いじり倒しという。

十一対一で、ずっと、いじった。

ノックを打つのが十一人で、受けるのが一人。

でも全部拾う。

声大きすぎて、店員の「喜んで～」も全く聞こえない。

冗談抜きで、千回以上、突っ込んでいた。しかも、間髪いれず、的確なことを発する。


悪魔と契約したに違いない。


髪の毛を代償に、「劇的に速い返し」を得たに違いない。

林さんは、二十六歳ぐらいのとき、急に禿げたらしい。

二十六歳のある日の夜中、枕元に「ツルツルスキンヘッドの死神」が来て、契約したんだと思う。

「速い返しを得たくはないか……?」

『え? は? 何?』

熟睡していた林さんは、寝ぼけている。

枕元でフワフワと宙に浮く死神を見て、なんとなく夢と思っている。

「速い、返しを、得たくは、ないか？」

『何？　何が……』

「髪の毛を代償に、速い返しを得たくはないか？」

『ダイショー？　何？　よく分からんけど、返しは、速くなりたいですね』

「お前の願い、叶えてやろう」

『うわ～』

《ビカビカビカッ》

スキンヘッドの死神が持っていた、手の平サイズの光の塊《かたまり》が、林さんの胸にめり込んでゆく。

『うわ～』

「約束通り、交換した。ありがとうございました～」

『なんや、なんか入ったぞ胸に……今、目が覚めたわ。待て～。ほんで、普通にドアから出て行くんかい！　……その格好で宙に浮いてたら、シュンって消えな、おかしいやろっ。

ほんで、なんや最後の「ありがとうございました～」っていう業務的なテイストは……。「さらばだ」とかやろ、お前の見た目なら。「さらばだ」言わんか〜』

既に、返しは速くなっていた。

次の日の朝、鏡見て、『ギャ〜』。

でも本当は……何の見返りもなく……ハゲ。

ハゲとは、そんなものです。

おやすみなさい。

ムスメ

三歳のムスメが、一歳の弟に、「テレビが見えない」という理由で、ムエタイの前蹴りしていた。

誰に似たのか……。

おやすみなさい。

リアルタイム日記

京都の祇園花月の出番で、今、祇園にいる。

出番の合間にネタを考えようと、劇場すぐ横の喫茶店にいる。

入って十分ほど経って、十八歳ぐらいの女の子二人が、僕の横の席に座った。

テーブルが十六個あって、客も、僕あわせて三組しかいないのに、真横に座ってきた。

鬱陶《うっとう》しい。


顔を憶えている。さっき入口前ですれ違った、女の子二人だ。

この喫茶店前は、芸人の出待ちをしている人が多い。この二人も、そうだろう。

そして、僕のファンではない。それは、ひしひしと感じる。

「次に芸人が裏口から出てくる時間まで、どうせ二時間ほどあるし、近くで西森でも観察するか」ってなもんだろう。

こんなに、すぐ近くでジロジロ見られては、ネタなど書けない。
なので、今、日記に切り替えた。

今、リアルタイムで起こったことを書いている。
リアルタイム日記だ。これは、なかなか新しいスタイルだと思う。

はす向かいの、顔を認識しやすい方の女の子が、第一声で、
「何の変哲もない、たわいもない話、しよう」と向かいの子に言った。

張り込みしてる刑事か！　ほんで、俺に聞こえる声量で言うなよ。

その直後。
《はす向かい》が、自分の顔を店のメニューで僕に見えないように隠して、
向かいの子に、ヒソヒソ何か言いだした。

こいつは、正気か？　わざわざ、ガラガラの店の中を、真横に来たのは、お前らや！

近づいてきておいて、なぜ内緒話をする？　裸で外をウロウロしておいて、見てきた人に対して「キャ〜、見ないで、変態〜」。これと同じ。

そして、何と言ったのか、めちゃくちゃ気になる。

「生で見たら、西森さん、格好いい」と言っていたことにする。


今、コロコロチキチキペッパーズのナダルの話をしだした。

「ナダル、絶対、性格悪いで〜」と、《はす向かい》。

やかましい。今のところ、どう考えてもお前のほうが悪い……ほんで、俺に聞こえるように言うな！


その後、小さい声で、《はす向かい》が言った。

「ナダルリバースレボリューション……」どういうつもりやねん。

なんで、それを今、俺は聞かなあかんねん。

《はす向かい》の向かい、僕の横の子は引いている。ちょっと、やめときいや、的なスタンス。

《横》の意見なんて無視で、《はす向かい》はまた、

「ナダルリバースレボリューション」

リアルタイムで書いているので、だんだんと追いつかなくなってきた。

今、《はす向かい》が、《横》に言った。

「最近、おもしろかった話してえや」

この《はす向かい》は、本当にすごい。　図太すぎる。

森林なぎ倒しキャタピラ神経だ。　絶対に友達には、なりたくない。

一応、僕もプロの端《はし》くれ……でもその僕に、おもしろかった話を聞かせる気だ。

《横》が話しだした。

話すんかい！　ＯＫやったんかい！

二人とも、なぎ倒しキャタピラ、だった。

《横》の話のオチはというと、「変な顔の人がいた」だった。

何それ……何そのオチ……見えんし……最後の最後のオチを、それぞれの想像にまかすの？


というか、どっか行けよ。

営業妨害やし……ネタ書くのも、営業のひとつやから、これは妨害だ。


今、僕は、ものすごいスピードで、ノートに殴り書きしているが、《はす向かい》と《横》は、ネタを書いていると思っているはず。

こんなペースでネタを書く奴は、まず、いない。

二人は、僕のことを天才だと思い始めたかも知れない。

ネタは書いていない。

ただ、顔はノート向けたまま、聴力マックスにして、あんたらのことを書いているだけ。

このリアルタイム日記は使える。　またやろう。

今、《はす向かい》が、また喋った。

「昨日、何時に寝たと思う？」

『え？　分からん』

「…………………………………………十一時～！」

だから、なんやねん！

オチみたいな感じで「十一時～！」て言うた。

なんや、これは？

メカニズムが分からん。何のクイズなのか。

就寝時間クイズ？　……そんなん、ないし。

危うく、こけるところだった。

テーブルがなかったら、激しく前に「でんぐり返り」していた。

あまりにも、ノートだけに向かって僕がカリカリ書いているので、次第に二人の意識は別のところに行った。

僕にわざと聞かせるような会話は終わった。

やっとネタが書ける。再度、ネタ開始。

考え出してすぐ……今、《はす向かい》が、テーブルを指でトントントントントン、叩きだした。

出て行けよ、ホンマに。

それはネタを書いていなくても、鬱陶しいわ。

で、ちょっとして、出て行った。

殴り書いて……指が疲れた。

おやすみなさい。

さようなら、小田

東京で日記朗読ライブがあった。
おいでやす小田がゲスト。
小田の日記の方が、ウケてた。　大失敗。
二度と、小田は出さない。
というか、小田はもうすぐ死ぬ。　だから出そうにも、この世にはいない。

さようなら、小田。

おやすみなさい。

母の手料理

両親と、妹と、妹の息子八ヶ月と、僕の家族の八人で、お花見をした。

お花見日和《びより》な、あたたかい日だった。　実家近くの東大阪の大きな公園で、ご飯を食べた。

親父とは二日連続、おかん半年ぶり。　妹とは四年ぶり。

おかんの礼子《れいこ》が、いろいろ料理を作って、持ってきていた。

何も用意しなくていいと言われていたので、手ブラで行った。


礼子は、料理が下手だ。　たいがいの物がまずい。　料理本を見て作ったことがないのだと思う。

全て我流《がりゅう》。　そしてその我流が独特で、まずい。

そのおかげで、僕は今、何でも食べられる。

《おかん礼子のまずい料理ベスト5》

第5位　オムライス
ケチャップが濃すぎるチキンライス。
あと、誰に聞いたのか分からないが、卵を薄く巻けば巻くほど良いと思っていて、一人前で使う卵の量は卵0・8個。まずい。

第4位　味噌汁
めちゃくちゃ味薄い。味、ほぼなし。
僕は中学生の頃に初めて外の味噌汁を飲んだとき、塩分が濃すぎて、味付けした奴、気が狂ってるのかと思った。

第3位　たまご焼き
これまた、味がほぼない。たんぱく質摂取してます、って感じだ。ほんの少し塩が入っているんだろうが、ほぼ味はない。人間の体内の塩分濃度ときっちり同じ、0・3パーセント。
ただ、マヨネーズを付けると、おいしい。
ほぼ味なしの物にマヨネーズ。それはマヨネーズが、美味しいだけ。

第2位　うなぎの蒲焼き
うなぎも大嫌いだった。今は大好き。
うなぎの蒲焼きは、スーパーに売っている物でも、美味しい。でも礼子は、それを独自の味つけで煮付けのようにベチャベチャにして、鍋で煮込んでいた。
これが、まずいのなんの。売っている蒲焼きを、グリルで焼き直して付属のタレをかければ八十点のところを、アレンジして三十点へといざなう。

第1位　おでん
なぜか砂糖が沢山入っている。あとは、ほんの少しの醤油とほんの少しの出汁《だし》。でも、ほとんど砂糖の味。甘いけど、味薄い。

僕が小学生のとき、いとこのおばちゃんが家に来て、このおでんを食べた。おばちゃんは、口に入れてすぐ、台所にいたおかんに叫んだ。

「礼子〜、礼子〜。これ、なんやのん〜。え〜、何これ〜、ちょっと礼子〜」

『おでんやけど』

「おでん、こんなんちゃうで〜。何これ」

『うちは、それやけど』

「ええ〜、いや、でも」

『うちは、それやけど』

「う〜ん、ああ、そう」

おばちゃん、折れた。

この出来事を覚えているってことは、小学生の僕からしても、よっぽどインパクトがあったんだと思う。


お花見には「たまご焼き」と「おでん」が並んだ。　3位と1位が来た。

おでんは、でかいタッパー二つ分。

たまご焼きは一人二きれ。

買ってきたおにぎりに、スーパーで揚げたてを買ってきたという「鶏の唐揚げ」もあった。

唐揚げが飛ぶように売れた。

たまご焼きも、マヨネーズさえあれば、いいのだが、無いので余ってた。

おでんは、丸々タッパー一つ分、余ってた。

礼子にとって、おでんは得意料理だったのだ。
たまご焼きは、「まあ、あれば」ぐらいに思っていたと思うが、花見でおでんをわざわざは、得意だと思っているからだ。まずかった。

でも、最後の晩餐で、僕は、このおでんを注文すると思う。

おやすみなさい。

無人気球

特番のロケだった。夜、十時に大阪を出発し、三重《みえ》の鳥羽《とば》市へ向かう。
○○大学の学生が、カメラ搭載の無人気球を製作した。
それを、学生たちと、鳥羽の海沿いのキャンプ場から飛ばす。


この企画は、地上から三十キロ上空まで、ヘリウム風船の無人気球を飛ばし、青い朝焼けを撮影するという、かなり難易度の高いものだ。

しかし、日本でもトップクラスの学力を誇る、○○大学である。成功するはずだ。


朝焼けを撮影する為、朝四時五十五分きっかりに飛ばさないと、日の出に間に合わない。

早すぎると、気球が上昇しすぎて爆発……遅すぎると、朝焼けに間に合わない。

早すぎても、遅すぎても、ブー。

気球の上昇速度や風など、全てを計算して、割り出したらしい。

すごい。どこで教わるの、その計算。

学生とは思えない。規模は小さいが、もうＮＡＳＡ。小《こ》ＮＡＳＡ。


午前二時半時点、作業はバタバタ。薄目で見たら、中華の厨房。

そんな中、学生にインタビューをした。

学生が話し出すと、あっという間に、ついていけなくなる。

賢すぎる人間の、専門用語攻撃。

モンスターエンジンは二人とも工業高校。ついていけない。

インテリジェンスフルボッコにあった。顔は若いけど、脳味噌はもう学者。


発射一時間ほど前、トラブルが発生。

トラブルが発生したことは、感じで分かるが……具体的には何がどうなのか、全く分からない。

作業が大幅に遅れだした。残り時間は、わずか。

聞くところによると、カメラのバッテリーの配線がうまくケースに入らない、とのこと。

充電してからバッテリーを入れる為、半分バラした状態で現地へ行き、現場で残り半分を組み上げる。

たいがい、このような一発勝負の場合、何日か前に、本番直前の状態まで組み上げて、不備がないかを調べる。工業系出身の僕からすれば、それが普通。

しかし、本番まで一度も、組んでいなかったらしい。

分からなかったのか？

「現物合わせ」という言葉を知らないのか？　買ってきたプラモデルじゃないのに。

でも、大丈夫……小ＮＡＳＡだから。

四月とはいえ、夜中で海沿いということもあり、真冬の寒さ。僕は、予想がついていたので、真冬の格好をしている。

学生は皆、長袖のシャツの上から、ユニフォームのポロシャツ一枚。

発射直前は、外で作業する段取り。皆、震えている。

分からなかったのか？　なぜ、そんなに薄着なんだ。

手まで、震えている。

ネジを取ろうとする手が震え、作業が一段と遅れる。

分からなかったのか？　賢すぎて、脳内で寒さをカットできるのか？

僕はヒートテック二枚と、ニットのセーター、その上には真冬に着るカナダグースのダウン。

学生、ペラペラの綿、一枚。

分からなかったのか？

予想しなかったのか？　俺、絶対寒いと思ったけど。

ちなみに、大林《おおばやし》も薄着。これは、予想通り。

スタッフが持ってきたベンチコートを着ていた。

組み立ての最後の方は、学生たち、皆「もうそれは、仕方ない、仕方ない」の連続。

具体的には分からないが、言いそうになる。

「完璧じゃあ、ないよね？……それ」言いそうになる。

発射一分前でも、作業は終わらない。

機体に、とてもとても乱暴に、「グルグルグルグルグル」とテープを巻いたりしだした。

「それ、初めから、そうするつもりやったの？」言いそうになる。

「それで……正解やんなぁ？」言いそうになる。

許容範囲の五分遅れで、発射。

発射十分前から発射までの間を、大まかに言うと、

「やばない、なんかやばない、あかん、あかん、あかん、もうええもうええ、そこはこれでええ、こっち先こっち先、ええ、ええ、もういこう、ええ、もう、うわ〜〜、あああ〜〜、知らんわもう〜〜、わ〜〜〜」

てな、感じ。

そして、ＧＰＳを搭載した気球が放たれた。

およそ二時間後に、伊豆《いず》半島沖に着水する予定。計算上、そうなるらしい。

割れたヘリウム風船の中からパラシュートが飛び出し、ゆっくり風に流され、下りてくる。

そして、海に浮いている機体を、船で回収する。


後に分かったことだが、搭載していた二台のうち一台のＧＰＳが、破裂の衝撃で機体から外れて、落下してしまった。

しかし……その落ちた方の情報ばかりが、飛んで来ていた。

皆、それを頼りに探す。

しかし、予定より西すぎる。本当はもっと東のはず。

なかなか見つからない。捜索船は、右往左往。学生たち、バタバタしだした。

また、中華の厨房。


諦めかけたとき、もう一つの機体に生き残っているＧＰＳからの情報が来た。


千葉県沖からだった。流されすぎ。

失敗した。そこまで、船は出せない。

皆、頑張った。

モンスターエンジン以外は、頑張った。残念。

終わってからも、学生たちは、反省会を自然に始めていた。

専門用語攻撃の応酬。

しかし、賢いもの同士だから、インテリジェンスフルボッコには、なっていない。


でも、ちょっとだけ思った。

最後、

「やばない、なんかやばない、あかん、あかん、あかん、もうええもうええ、そこはこれでええ、こっち先こっち先、ええ、ええ、もういこう、ええ、もう、うわ〜〜、あああ〜〜、知らんわもう〜〜、わ〜〜〜」

で、飛ばしたから……原因が何か、絶対、分からんと思う。

原因は「薄着すぎたから」と言っても、間違いではない。

誰か、お母さん的な、総合力のある存在がいれば……残念だった。


おやすみなさい。

シャボン玉

家の前で、ムスメとシャボン玉をした。

ムスメが「シャボン玉大好き」と言ったので、「なんで？」と聞いてみた。

するとムスメ、

「だって、すぐ、消えてなくなるから」

詩人か！　……まさか、そんな答えとは。　詩人やん！

漂白剤のことでしか、言うたことないわ。

「だって、こんな汚いのが、すぐ、消えてなくなるから」

こっちしか、言うたことないわ。　詩人か！


おやすみなさい。

夜中二時のコンビニ

夜中、家の近所のコンビニへ行った。

この最寄りのコンビニは、いろいろダメなところが多い。

店長以外全員、動きが遅い。僕は「×0・7のコンビニ」と呼んでいる。

夜中一時に行列ができるほどの、ダメコンビニ。


この日は、夜中二時ごろ行った。三人並んでた。

一番前に並んでいた僕と同い年ぐらいの兄ちゃんが、怒っていた。レジに店員は一人もいない。品出しをしている。

だいたい気付きそうなものだが、この店に関して、それはない。

一番前にいた男の人が、しびれを切らして怒鳴った。

「はよせえ」

でも、まだ来ない。もう一度「はよせえ」。

やっと来た。

百五十センチほどの、小さな、滑舌が死ぬほど悪い、おじいちゃん店員が来た。

男の人、無茶苦茶怒っている。

でも、普通にまず「すんません」と呼べばいいところを、いきなりマックスで怒っている。

少し酒が入っているようだ。

おじいちゃんの対応も最悪だ……怒っている人の心を逆撫《さかな》でするような感じで、何を言っているか分からない。たぶん、謝ってもいない。


そして、やっと僕まで回ってきた。カップラーメンを買った。家からコンビニが近いので、コンビニでお湯を入れる。歩いて帰って着いたときに、ちょうど食べごろになるという算段だ。

「パーフェクトヌードル」。コンビニでお湯を入れて、帰宅後すぐに食べられる状態にすることを、「パーフェクトヌードル」と呼ぶことにしよう。

パーフェクトヌードルしようとお湯を入れていたら、さっきの怒っていた男が、まだレジ前で、ごにょごにょ言っていた。

かやくなどを入れながら、チラチラ見る。

次の瞬間、おじいちゃん店員は……胸倉《むなぐら》を掴まれた。

レジのテーブル越しに、掴まれている。

いつか誰かに、ああされるやろなぁ、とは思っていたが、少し、びっくりした。

でも、特に気にせず、お湯を入れる。

すると、その後に会計を済ませた別のおじさんが、

「警察呼び、これは暴行と同じや。兄ちゃんもやめときや！」

と言って、帰っていった。

怒っていた男は、そのおじさんには「すいません」。


そのおじさんが帰った後、また男は、おじいちゃん店員にごちゃごちゃ言い出した。

ぎりぎり聞こえるか聞こえないかの声の大きさだが、ところどころ聞こえる。

「お前、もう、迷惑やから、やめろや」

ここで、普通の店員なら、長引いてしまうので嘘でも謝るが、このおじいちゃん店員は、

「やめません、仕事なんで」大きい声で言うた。

だから、逆撫でするなよ……なんで即答で、そんなこと言うねん。

その後も、ずっと言われ続けている。

とっくに、お湯は入れ終わっていたが、見続けてしまった。

だんだん、おじいちゃんが可哀相に思えてきて、買わなくてもいい、タバコを買うことに。

僕がレジ前に来ても、その男はどかない。イラッときたので、思いっきり睨《にら》んでやった。

僕はニットにマスクだから、相手からは誰か分からない。睨んでもどかないので「どいて」と言った。

向こうも不審がっている。


そして僕は、タバコを買い、去り際に言い放った。

「手を出したらダメですよ。お酒入ってるでしょう？　やるなら、しらふでせんと」

勢い余って、よく分からないことを口走ってしまった。

「やるなら、しらふでせんと」って、最終的に「やれ」と言ってしまっている。なんでそんなことを言ったのか分からず、恥ずかしくなって、早足で店を出た。

慣れないことは、するものではない。
おやすみなさい。

恐竜

『NMBとまなぶ君』の収録だった。恐竜の回だった。
リアルに想像すると、怖かった。
ティラノサウルスは、頭の位置がマンションの三階辺りにあるらしい。
怖い。
同時期に存在していなくて良かった。
洗濯物を干しているヨメが、急にいなくなったら困る。
リアルに想像すればするほど、怖い。
番組中も僕だけ、みんなの倍、怖がっていた。

勝手にもっと、想像してみる。

・動きの遅い、首の長ーい、体長三十メートルぐらいある、四足歩行の、草ばっかり食べる恐竜を間近で見たら、肌の表面……小バエだらけ。
・皮膚が厚すぎて、かゆくもない。
・蝉の抜け殻も付きっぱなし。
・獣じゃないし、草しか食べてないから、意外と臭くない。
・土の匂いがする。
・首が長すぎて、振り向いたとき、ほんの少し風切り音が聞こえる。
・うまく鼻の穴と空気の流れが合えば、ピューって鳴る。

・たいがいは、足の裏に木の枝が刺さり、そこから腐ってきて死ぬ。
・高さ五メートル辺りの木の葉っぱを食べていて、急に、高さ三十メートルに頭を持って行くと、立ち眩《くら》みする。
・それほど賢くもなく、当然学習能力もないので、至る所でバッタンバッタン倒れている。
・倒れる際……首が釣り竿《ざお》の原理で頭に遠心力が働き、地面に頭を打ちつけるときは、時速百キロ近い。強く地面に頭を打ちつけ、死ぬ。
・この立ち眩みが、死因第1位。

・立ち眩みで倒れて、猛スピードの頭が同じ仲間の背中に直撃。
・背中を頭突きされた方が……「ギャオ～」と叫びながら、頭を背中に向けるけど、そのときにピューーって鳴ったりする。

・首が長く、天敵もいないので、食べる葉っぱは選《え》り好みする。
・残っていても、まずそうな葉っぱは食べずに、次に向かう。
・果実が沢山なっている場合、その果実だけを食べたいから、一旦「ザー」と葉っぱも一緒に口の中へ……そして、それを地面に出して、果実だけを選んで食べる。
・食べ終わって、勢い良く頭を上げて、立ち眩みして、倒れて死ぬ。
・倒れて死んでる者の口の中から、カラフルな汁が垂れていることが多い。

リアルに想像してみた……ひとつぐらい当たってるの、ありそう。

おやすみなさい。

科学雑誌

『M-1リターンズ』で、東京へ行った。新幹線の中で、ニュートンという雑誌を読んだ。

ニュートンは最先端科学雑誌だ。千円もする。高い。でもおもしろい。たまに買う。

今回は、相対性理論が他の理論と、どのように絡《から》んでいるか、という回だ。

この雑誌の何がおもしろいかといえば、「今は、ここまでしか解《わか》っていません」とはっきり書いているところだ。

あと、大学の偉い教授が毎回監修についているが、頭が良いだけで、人に説明するのは苦手な人が多い。そういう教授の回は、おもしろい。

図解入りで、シロートの僕にも分かりやすく書いてあるなぁと思っていたら、次のページから急に一般人を突き放すかのように、数式だらけになっていたりする。

量子力学についても書いていた。量子力学とは、もうそれ以上細かくできない、小さな粒のふるまいの学問だ。

「小さな粒のふるまい」と実際に書かれていたので、書いた。

「粒が何の、ふるまいをするんや」と思ったが、実際、いろいろな、ふるまいを、しているらしい。


原子と言われる粒の中には、原子核というものがあり、その周りを電子という粒が、遅いもので光のスピードの半分ほどで回っているらしい。

そしてその「原子核」の中も、沢山の陽子と中性子で構成されている。

その陽子と中性子の中にもアップクォーク、ダウンクォークという粒があり、それが、ものすごいスピードで、クルクル回っているらしい。

今、僕が持っているノートにも、陽子や中性子はある。何一つクルクル回っている感じはないが、専用の顕微鏡で見ると、そうなっているらしい。

「光のスピードの半分の秒速十七万キロでクルクル回る粒を、誰が確認したんや！」思う。

でも、そうらしい。

一番小さい粒の陽子の中にあるアップクォーク、ダウンクォークはクルクル回っているけども、互いが磁石の何百倍もの力で、引き合っているらしい。

その、磁石の何百倍もの引き合う力のことを、専門用語で、「強い力」と言うらしい。

絶対、他の名前にできたはず。

「強い力」って……

理系の天才みたいな奴ばっかりが集まって決めるから、こんなことになる。誰か止めろよ。

「強い力」って……

強い力なんて、日常会話で、いくらでも出てくる。その度に原子のことを思い出すのか？

後日この話を、笑《わら》い飯《めし》の哲夫《てつお》さんにした。

哲夫さんも笑っていた。そして、「ちょっと調べたろ」と言って、スマートフォンで調べだした。

「ほんまや、強い力って書いてあるわ。何これ」

『ねっ、ほんまでしょ、絶対、もっと他あったと思うんですけどねぇ』

「せやな〜。他のことも書いてあるわ」

『何ですか』

「地球上には、四つの力しか存在しない。重力、電磁気力、強い力、弱い力、やて」


新しいの出てきた。


「弱い力」って。

二人ともタクシーの中で大笑いした。

「強い力」だけでは懲りずに「弱い力」まである。

「強い力」というアホなネーミングを許すから、「弱い力」も受け入れる羽目になる。


ニュートンという雑誌はおもしろい。

三回に一回ぐらい、大爆笑するところがある。


おやすみなさい。

お祭り

夜七時、近所のお祭りへ、家族四人で行った。

上の三歳のムスメが、今日はお祭りに行けると、朝から、はしゃいでいた。

試合直前、審判に説明を受けているとき、いきり立っている入れ墨だらけのイケイケボクサーよりも、いきり立っていた。

いきり立ちすぎて、行くまでに二回、ヨメにきつく叱られていた。

出店《でみせ》の入口に着くと、ムスメのテンションはマックスになった。

「ここからが、お祭りか?」と何度も聞いてくる。

ここからだと、何度も答えた。

では逆に、朝から何にいきり立っていたのかと、疑問に思った。

一度「これする」と言い出すと、一切ブレーキが効かない。どこにそんな力があるのか、というくらい、手を引っ張ってくる。

この傲慢さは、ストライカーとしてプロでも通用しそうだ。

お祭りという場では、ほぼマラドーナ。

ムスメはお面《めん》にも、いきり立った。

「絶対に買わない」と伝えたが、聞く耳を持たない。

訳の分からない理論を唱えだし、「日常生活に不可欠だ」と言い出した。

出店の中に、日常生活に不可欠な物などない。

既に、お面売り場の前にいるが、なおも手を引っ張り続ける。こちらが身を委ねたら、お面売り場からは遠ざかる。

引っ張ることで、意志の強さを表しているだけだ。

体育館でする本気の綱引きぐらい、体が斜めになっている。

仕方なく、買うことにした。

どれにするか、尋ねた。

ムスメは、並ぶお面の前で一分ほど悩み出した。

あれほど引っ張っていた意味が分からない。

もしかすると、欲しいものが、ひとつでは、ないのかも知れない。

そして、指さした。

間違いはないか、再三確認した。

それが何かも確認した。プリキュアらしかった。

僕は、あらかじめ握り締めていた、五百円を払おうとした……が、千円だった。

大失態。お面一つ、千円。大失態。

この出店だけ、値段表示がない。

子供と親が値段で揉《も》めても、親が負けるだろうという算段だ。こちらの相手はマラドーナだ。勝てる訳がない。

一瞬で抜かれた。そしてヨメに大失態の経緯を説明した。

ムスメもお面について、ヨメに説明していた。

プリキュアの何々が無かったから、仕方なくこれにした、と伝えていた。

僕は唐揚げを頬張りながら、ムスメを二度見した。

お目当ての物は無かったようだ。

さすが、マラドーナ。

二度と、二度と甘やかすのはやめようと思った。

その日、一番嬉しかったのは何かと、ヨメがマラドーナに尋ねる。

「かき氷」

手に四つ、おもちゃを抱えながら言った。

まあ、そんなもんか……お祭りには気をつけることにしよう。

おやすみなさい。

林さんのファインプレー

夜、フットサルしていて、両足の親指の爪が剥《は》がれた。

この日は、後輩が多く、一番先輩の僕は四千円払った。

「二千円で一枚、爪を剥がさせて頂いた」ということに、しておこう。

和牛《わぎゅう》の水田《みずた》が、知り合いの女の子を二人、勝手に呼んでいた。プレイではなく観戦するらしい。シロートのフットサルを見て、何がおもしろいのかは分からないが、来ていた。

こういうことは今までに一度もない。イラッときて、注意した。

「なに勝手なことしてんねん。呼ぶな、そんなもん。部外者なしで、やりたいねん」

僕は抗議アンド注意した。

すると水田は、

「実は林さんの知り合いでもあって、だから林さんに、呼んでいいか聞いたんです。そしたら『良いよ』って」

そうなると、僕は口を出せない。なにせ「FC林」というギャロップ林さんのチームだからだ。しかも、僕は半年遅れで参加している。なおさらだ。

でも……林さんが女の子に良いところを見せて、好感度を上げようとしているのは明白だった。

どういう意図かは分からないが、明白だった。

先輩に対してだが、「このエロガッパ」と思ったことは認める。

頭のハゲ具合からも、自然とカッパという妖怪が出てきた。認める。

林さんにはそういう一面がある。本当はエロいのだ。

隠そうとするから、余計にあふれ出たものが目立つ。

ヨメも子供もいるのに、童貞みたいなリアクションでエロいことを隠している。

ムッツリおじさんエロガッパ……M・O・E・Gだ。

M・O・E・G……モーグ。

モーグなのだ。

格好良くなってしまったが、そういうことである。

プレイ自体は、特にいつもと変わらなかった。
その日はキーパーが不在で、皆で順繰《じゅんぐ》り回した。林さんにキーパーの順が回る。
後輩が放ったシュートが、林さんの守るゴールの際《きわ》に決まりかけた。
そのとき、華麗に横っ飛びした林さんの胸で、ボールは止まった。
プロのゴールキーパーのような、華麗なセイビング。
ボールが胸におさまるとき、「ドーン」とものすごい音がした。
すると、なぜか、女の子、大爆笑。
「ドーン」
「ギャハハハハ」二人とも、なぜか大爆笑。
リクライニングが壊れた椅子のごとく、上半身バタンバタンで大爆笑。
あれで笑うなら、好感度を上げる術《すべ》なし。ファインプレーで爆笑なら、手詰まり。
見渡すと……芸人の半分が地面に転げ回って笑っていた。
説明しがたい笑いの種類。

敢えてするなら、「ハゲの癖《くせ》にファインプレー」しかない。
女の子……林さんのこと、目茶苦茶バカにしている。
男前が横っ飛びして、笑うはずがない。
二人とも三十秒は笑っていた。
「ハゲが……ハゲが飛んだ〜」思ったのだろう。
「ハゲやのに止めた〜」思ったのだ。
「ドーンって……めっちゃ必死や〜ん」思ったのだ。
芸人が一番嫌うタイプの爆笑だ。しかも、モテようとして、
「別に呼んだってもええで〜」と言った本人だ。
本人が笑われている。
切ない。シュート止めただけで、マイナスイメージ。シュート止めただけで。

他にハゲがするとマイナスイメージになること。

・ムーンサルト
・スラムダンク

・ランニングマン
・トリプルアクセル
・オープンカー

こんなものかな。　すぐ林さんに伝えに行こう。

おやすみなさい。

三十キロ分の砂

僕は今、鉄のアート作品を作っている。

実家の工場をフルに生かして制作している。空いている時間は、だいたい費やす。

夜、仕事から帰宅すると、宅配便が届いていた。ウレタン塗料だ。

これで、ほぼコンプリートだ。鉄アートに使うサンドブラストガンと、砂と、エアブラシと、ウレタン塗料が揃った。

サンドブラストガンとは、高圧で空気と一緒に砂を吹き付ける、鉄砲のことだ。

それだけではダメなので、粒の揃った、工業用の砂を三十キロ分、買った。

うちの家を含めた、近辺を担当している宅配便の兄ちゃんに、僕の存在はバレている。

モンスターエンジンの西森だとバレている。道端で会っても挨拶するぐらいだ。

その兄ちゃんが、砂三十キロを持ってきた……僕が受け取った。

めっちゃ恥ずかしかった。

手で持てる小さなダンボールなら、中身は何か分からない。

砂はもう、どう見積っても、砂だ。

梱包《こんぽう》が甘く、大きく「砂」と見えている。珪砂《けいさ》という砂だが、はっきり「砂」と書いてある。しかも三十キロだから重い。

「何に使うんですか？」と聞かれないように、「人を拒絶するオーラ」をめいっぱい出して、すぐ家に入った。

守秘義務はあるだろうが、これに関しては、絶対に家で奥さんに言うてると思う。

「今日な、またモンスターエンジンの西森に、配達したんやけどな、なんか大量の砂頼んどったわ」

『砂？』

「そう、砂」

『砂？』

「うん、三十キロ分の砂」

『三十キロ分の砂？』

「うん、三十キロ分」

『三十キロ分なんて、何に使うの？』

「知ら〜ん」

『知らん？』

「知らんよ、そんなん何に使うか」

『いや知らんって、聞いてないんかいな』

「聞いてないよ」

『聞いてない？』

「やらしいやん、聞くの」

『やらしい？　何に使うか聞いてないのに、なんでこの話したん？』

「いや、こんなことあったで〜、って話やん」

『なんやそれ、砂持って行った話』

「別にええやん」

『砂持って行った話て』

「なんやねん。オチ、ないとあかんのか」

『砂持って行った話、なんやそれ』

想像上の夫婦がケンカを始めた。気が狂う前に、終わろう。

奥さんコテコテすぎ、なんか小太りっぽい。

めっちゃデカい声で、子供、怒りそう。良いキャラできた。

おやすみなさい。

飛び込み

お昼、仕事に行く前、仕度をしながら、テレビをなんとなく観ていた。

思わず、声出して、突っ込んだ。


高飛び込みの日本代表選手が、取材されていた。

百五十センチちょっとの、可愛らしい女の子だ。

水面から高さ十メートルのセメントの上を走り、そのまま止まらず、ジャンプ。

そして膝を抱え込み、前方に四回転半回り、見事に着水。

グルグルグルグルって感じだ。 あの技以外で「グルグル」という擬音は使ってはいけないぐらい、グルグルだ。

四回転半ができる選手は、少ないらしい。

本人がどうやって回っているか、自分で説明している。

その場面の後のナレーションがおかしかった。

「この技、簡単そうに見えますが……」

見えるか〜！


びっくりした。

どっからどう見ても、簡単そうには見えない。今から死ぬまで毎日練習しても、できる気がしない。

それを「簡単そうに見えますが」……いったい誰が、台本書いたんや！


百歩譲って、「簡単にやっているように見えますが」だとしても、おかしい。

簡単にやっているようにも見えない。

言わないと何回転してるのかも分からんくらいの、高速回転。

簡単そうに見えるか〜！

足の小指を打ったりして痛いときと、ネタ作り以外、一人のときに声を出すことはない。

でも今回は、すぐ出た。

見えるか〜！

「見えるか〜」とだけ書いたハガキを、テレビ局に送ろう。

おやすみなさい。

弔電

親戚の人が亡くなった。

親父に頼まれ、弔電《ちょうでん》を出した。

弔電とは、葬式に行けない人が出す電報のことである。


なかなか、人の弱みにつけ込んだシステムだと思う。

昔は、電報が一番速かった。 でも今は他にもツールはある。 アスクルがあるぐらいだ。

昔の名残《なごり》を商売にしているだけ。

ネットでも、申し込むことができる。

ショッピングなら、ネットでも問題ない。

でも、ネットで申し込んで、不具合があると、まずい。


電話で頼んだ。

おばさんが対応してきた。値段の話になった。

「三千円、五千円、七千円などが、ございますが？」

僕は、とにかく安いものを要求した。

「五百円、千円、千五百円と、ございます」


先、言わんかい！と思った。

聞いてなかったら、どうしとったのか。

僕が五百円のものにしようとしたところ、

「五百円のものはお薦めできません」

じゃあ、なんであるんや？

無くせば良い……そんなこと言われたら、頼みにくい。五百円のものは、ルーズリーフなのかも知れない。

おばさんが、なおも補足する。

「普通は、だいたい千五百円ぐらいからかと」

黙れ。絶対、そんな基準はない。存在するはずがない。

凶悪犯罪者が死んで、でも身内やから一応……のときなら五百円で良いのか？
意味が分からん。

仕方なく千五百円のものにした。
五百円のものにして、香典を送った方が良かった。
ネットでは「この台紙で申し込む」と一ページ目に出ていた、「標準的ですよ～」と
言いたげなものが、一万二千円で出ていた。
誰が頼むんや。
何ひとつ「お悔やみ申し上げます」なんて思っていない。
「儲かりますわ～」と聞こえてきそうだ。
「ただの紙が、福澤の方の紙にっヒッヒッヒッ」聞こえてきそうだ。

あと、葬儀屋も儲かるらしい。
僕が死んでも、身内にはお金を使わないでほしい。
もし僕が死んだら……夜中に近所の公園で焼いてもらって、かまわない。

最後、かすを端っこに、ほうきで掃いておいてくれれば良い。葬儀屋にも、一円も払いたくない。


なんなら、山に捨ててもらっても、かまわない。

車で走ったまま、止まりもせず崖へ落としてもらっても、一向に、かまわない。

思い入れのない、信貴《しぎ》スカイラインでも、かまわない。

バイバイぐらいは、言うてほしいけど。


血を抜いて、腐らない薬品をコーティングして、「ドン・キホーテ、このまま直進、三キロ先」の看板にしてもらってもよい。

ミイラが指さす看板を見て、

「あっちにオアシスがあるの？」と、みんな勘違いすると思うけど。

もう、なんなら、もったいないし、食べてくれてもいい。

身内が無理なら、粉にして、好きだった「鯖《さば》の水煮」の缶詰に混ぜてほしい。

でも、その場合は、缶詰のパッケージに載っている鯖のキャラクターに、吹き出しを付けて、言わせてほしい。

「西森の果肉入りだよ！」

原材料のところにも、はっきり「西森」と書いてほしい。

ほんまに、やってほしい。

おやすみなさい。

隣の楽屋

箕面《みのお》温泉スパーガーデンの営業で、漫才二回。

楽屋は簡単な作りで、パーテーションよりも、もう少しガッチリしたぐらいの衝立《ついたて》で仕切られている。しかし二メートル以上壁はなく、天井は他の楽屋ともつながっている。

今回は、あのイカした86で直接行く。

僕だけ、他の出演者よりも早く着いた。三十分早く着き、一人、楽屋で座っていた。

隣の楽屋には芸人以外の出演者がいたようで、声が聞こえてきた。若い女性の声だった。あともう一人いたが、声が小さくて、よく分からない。

二人は、僕が隣にいることに気付いていなかった。天井が空いているので、会話が丸聞こえだ。聞こえている方の女性の声だけが、やたらと通る。たぶん、たまに見る「人の歌ばかり唄うアーティスト」だ。

人の歌ばかり唄うから、アーティストではない、ただの歌唄《うたうた》いだ。

隣の人に話すだけなら、あの声量は要らないはず。でもデカい。イラッときた。

どうでも良い内容だった。しかし急に方向転換。

「えっ？　芸人来んの？　今日、芸人来んの？　ゆーめーなやつ？　ああなんか、吉本って書いてたな。横の楽屋やろ、おるんかな」

そしてその歌唄いは、僕の楽屋のドアをノックもせず、ガチャッと開けた。

「はっ！　うわっ」

僕がいるとは思っておらず、ビックリしていた。

そして、そのまま謝りもせず、挨拶もせず、自分の楽屋へ戻っていった。

戻って行ったといっても、すぐ横の、会話が丸聞こえの空間だ。

その後、隣からは何の音も、しなくなった。

ポケットをゴソゴソしてる時ぐらいの音のヒソヒソ話が、たまに聞こえる程度だ。

アホ丸出しだ。

確かめに来て、芸人がいなくても部屋を見るだけで終わり。いたら最悪。

どっちもダメ、アホ丸出しだ。

一回目と二回目の漫才の合間に、この歌唄いは案の定、ステージで人の歌を唄っていた。

野次《やじ》ってやりたかった。

「人の歌唄うな～。自分の歌唄え～」

「愛だの恋だのの前に、まず、あいさつ～」

「横の楽屋でヒソヒソ話してても、おるのバレバレやから。子供と隠れんぼ、してるんちゃうんやぞ～」

「というか、今どんな気持ちで唄《うと》とんねん」

「お前は正気か」

「で、誰や、お前は～」

「『今日、芸人来んの？　ゆーめーなやつ？』……お前よりは有名じゃ～」

野次ってやりたかった。

おやすみなさい。

早朝

鉄のアート作品の制作の為に、三十キロ分の砂を買った。サンドブラストという加工をする為だ。

説明しよう。

サンドブラストとは、高圧の空気と一緒に、細かな砂を対象物に吹き付けて、表面をザラザラに加工することなのだ！

その為に買った砂を三十キロ分、自分の部屋の物置に置いていた。


早朝。

ヨメが、寝ている僕の部屋へ入ってきた。

手には米櫃《こめびつ》を抱えている。

「パパ、なんか前、実家から米を送ってもらってたやろ。あれ、どこ？」

『え？　何が？』

「あんたの部屋やろ？　大きい黄土《おうど》色の袋あったやろ？　米、無くなってん。あれ、どこ?」

『え?　ああ、あれ砂や』

「ス、ナ?」

『鉄のアート作品を加工する為の……材料の砂や』

「砂かぁ……なんや……」

米と思ったものが砂で、ヨメは、がっかりしていた。

砂は食べられない。

いろいろ工作好きの旦那のヨメだから、すぐに理解し、がっかりしていた。

笑けてきて、その後……なかなか寝られへんかった。


瞼《まぶた》を閉じると、「砂かぁ」が出てくる。

実家は工場だから、米なんて送ってこない。希望的観測の最たるものだ。米であってくれ、と思っていたに違いない。

そこへきて、返答が砂……「砂かぁ」


寝られなかった。……おやすみなさい。

後輩の送別会

特番でトーク。……いろいろ話した。

趣旨に合わなかった話を、日記で紹介します。日記は便利である。

スーパーマラドーナ、武智《たけち》さんの話。


十年ほど前、一人の後輩がこの世界を辞めることになった。僕も武智さんも仲良くしてた奴だった。

送別会をしようということになり、七、八人で居酒屋へ。四軒ほど梯子した。皆、ベロベロに酔って、泣く寸前だった。

朝四時ぐらい。そろそろ帰ろう、となった。

すると、武智さんが、

「最後は、俺とお前で、一発ずつ殴り合って、別れよう」

と、その後輩に言った。

はっきり覚えている。

僕が覚えているということは、僕はそのとき、「なんでやねん」と思ったのだと思う。

この後輩は元自衛隊。武智さんは酔っていたせいもあり、その「自衛隊」という響きに、引っ張られてしまったのだろう。

他にも辞めた奴はいたが、こういうのはなかった。

店を出て、実際に行うことになった。

僕は、ラグビー部の中の唯一の女の子マネージャーみたいな感じで、「男って野蛮なんだから」と思ったのを覚えている。

難波《なんば》の劇場近くのアーケードの下で、二人は向かい合った。僕らも見守った。

武智さんは、「お前から来い」と告げた。

そして、「思いっ切り来い」とも付け足した。

その後輩は、「ありがとうございました」と叫びながら、武智さんの頬を殴った。

武智さんは、一瞬にして、アーケードの地面で大の字に。

そしてなぜか、小さい声で「なんや?」。

いや、「なんや？」やなしに、「じゃ、次は俺の番か」とかやろ。……と、思ったが、言わなかった。

そのすぐ後、

「痛《い》ったぁ～。えっ、何？　誰がやった？」と言い出した。

飲みすぎと後頭部への衝撃で、何分間かの記憶が飛んでいる。

ちょっと笑いそうになる。

「いや、あんたが、殴れ言うたんや！」

と強く言いたかったが、やめておいた。今は、ふざける時間ではない。執事かのように、淡々と分かりやすく、説明した。

「ああ、そうやった」言うて、思い出してはった。

えらい軽い感じだった。


次は、武智さんが後輩を殴る番。

武智さんは、「おもいっきり行く」的なことを言った。

そして、なぜか、アウトボクサーのようにステップを踏み出し、そのステップのまま近づいていって、後輩のアゴ先めがけ、キッチリとしたボクシングの右ストレートを放った。

「達者でなっ」とか言いながら……

頬のあたりを殴るのかと思いきや……無言でアゴ先を、殴った。

ちょっと、また笑いそうになった。

無言でアゴ先は、絶対に違う。お別れで、仕留めにいってどうする。


台無し。


体の強い奴だったから良かったものの、ナナフシみたいなガリガリの奴だったら、救急車を呼ぶはめになる。

ステップ踏み出した時点で、おかしいな、とは思っていた。

一応無事に、ことは終わった。

その後、帰ればいいものを、皆でラーメンを食べに。

そこで、武智さんはしきりに、

「なんか……顔が痛いわ、……なんでやろ？」言っていた。
また笑いそうになる。でも、こらえる。
そして僕は、そのセリフのたびに、執事になって淡々と説明した。
しかし、「なんか、そんなん、あったなぁ〜」と返ってくる。
響かなかった。
まわりの芸人もベロベロ。
「この中に、誰か、正気の人はいませんかっ？」て感じやった。
今でもよく覚えている。

おやすみなさい。

アルミ缶

鉄のアート作品を作る為に、また親父の工場へ。

今年で、五回目ぐらいになる。

なんやかんやで、鉄を溶かして型に流し込む「鋳造《ちゅうぞう》」という製作分野にまで手を出している。

原価を安くする為、家で飲んだビールやコーヒーのアルミ缶をコツコツ貯めて、工場の裏に置いていた。

アルミ缶を再利用して、思いのままの、削り出しではできない作品を作ろうと考えた。

アルミは一〇〇〇度近くまで温度を上げないと、うまく型に流れ込まない。

溶解温度は七〇〇度ぐらいだが、それぐらい上げないと、サラッサラの塩ラーメンのようには、ならない。

七〇〇度ちょいだと、天下一品になってしまう。

それ専用の、コークスという石炭みたいな燃料も用意した。

全て出揃った。さぁやろか、と思ったら、親父が話しかけてきた。

「あの、工場の裏のアルミ缶は、お前のか？」

『そうやで、俺が家から持ってきたやつやけど』

「そうなんか……誰かが勝手に捨ててると思て……捨てたで」


捨てられていた……軽く二百缶以上はあったものを、捨てられていた。

工場の裏に、きっちりとアルミ缶だけ集めて置いておく奴なんか、俺以外にいる訳ないというのに。


「いや、誰かが勝手に捨ててる思たんや」

『誰が捨てるん、そんな高価なもの』

「分からん。分からんから、材料屋さんに売ったわ」

『なんぼになったん？』

「百円」

『百円？　あんだけコツコツ貯めて百円？』

「向こうも、専門ちゃうからな」

あれだけ何ヶ月もコツコツ貯めたものを、百円にされたという事実。

受け止めにくい。

三ヶ月ほど前、工場でアルミ缶を溶かして鋳造しようとして、失敗しているところを、親父は確実に見ている、という事実。

アレを見ていて、なぜ……。

なぜ僕ではなく、見知らぬ人が捨てたと思ったのか？

確実に見ていたはず。

そして、三ヶ月前、

「アルミはもっと高い温度じゃないとアカンぞ！」

と、忠告してきたはず。

人間と話している気がしない。 でも、いつも通りの親父だ。

仕方なくトンファーを作った。

世界中探しても、今日、仕方なくトンファーを作った奴なんて、俺しかいない。

おやすみなさい。

コンビニの店長

夜、十二時すぎに、家からすぐ近くのコンビニへ行った。

前にも出てきた「ダメコンビニ」だ。


会計のとき、店長らしき女性店員に謝罪された。

「この間は、お騒がせしました。申し訳ございません。言っておきます」

何の話か、よく分からなかった。

「はぁ……」とだけ言って、店を出た。


帰りながら、いろいろ思い起こし、そして気付いた。

僕がインスタに上げた日記を、女性店長は読んだのだ。

客に胸倉を掴まれた、おじいちゃん店員の回の日記を読んだのだ。


以前、同い年ぐらいの男が、おじいちゃん店員の胸倉を掴む事件があった。

僕も、ひと言だけ男に忠告した。
「酔っ払ってるでしょ。やるなら、しらふでせんと」と意味不明な忠告をした。
最終的に「やれっ」と言ってしまうミスをした。

その日の日記を、女性店長は読んだに違いない。でないと、言っていることの意味が分からない。

普段、店員とは、一切世間話をしない。なのに、
「この間は、お騒がせしました。申し訳ございません。言っておきます」
絶対あのことに違いない。
最悪だ。無茶苦茶、気まずい。家から一番近いのに。
インスタに酷評ばかり書いたし。
でも……今まで行ったコンビニの中で、確実に一番ダメな店だ。

また、酷評している。

夜中二時に行列できるし。近くなかったら、絶対に行かない。家から六十歩だか

ら他にライバルがいない。近すぎて、「1、2、3、4」と何歩で着くか、調べたし。

立地条件が果てしなく良い店で、ベッドタウンの入口にある。駅を出てそれぞれが家に向かう、枝分かれのスタート地点に店はある。

流行《はや》るはずだ。

逆に言うと、店員がズタボロでも、立地さえ良ければ潰れないのだ。

良い勉強になった。


やばい、また酷評を書いている。


胸倉を掴まれたおじいちゃん店員の他に、実は、もう一人、おじいちゃん店員がいる。

この人も、動き、太極拳。超ノロノロ。

そのツートップが二つのレジを埋めたとき、コンプリートが完了し、区役所に変身する。

「頼むから、番号札が出る機械を置いてくれ」と言いたくなるほど、遅い。

椅子で待たせてほしい。

早送りのボタンを一回押して、やっと普通のスピードに見えるはず。

やばい、また書いてしまっている。

というか、この日記をインスタに上げて、読まれたらどうしよう。本当に読んでいるか確かめる為にも、上げてみよう。

何と言われるか、ドキドキする。

「営業妨害で告訴しますよ」言われたらどうしよう。

その場合は、こう言おう。

「申し訳ございません。僕はクロスバー直撃の前野です」

似てるし、いけるだろう。というか、インスタどころか、本になってしまった。

おやすみなさい。

マネージャーからのメール

マネージャーからメール来た。

「いよいよ、キングオブコントの準決勝ですが、小道具などの発注は御座いますか？」

「いよいよ」、要らんやろ。

うちの親父のメールのいつもの書き出しの「あの〜、わしやけど」あれ、もっと要らん。

アルミ缶は、絶対、要った。


おやすみなさい。

ちくわ

今日は、書くような出来事がなかったので、テキトウに書いてみよう。「ちくわ」について書いてみる。


練《ね》り物のエース。ちくわと蒲鉾《かまぼこ》とで、ツートップ。

基本的に、このような練り物は、怖い。

ほんの少し……0・1％ほどウンコが混ざっていても、誰も気付かない。

食べてすぐ、

「あれ、これ少し、ウンコ混ざってます？」気付く訳ない。

「ほんの少しウンコ混ざってますけど、まぁ、気にならない程度なんで、美味しいですぅ……」言う訳ない。

ブラックバスで嵩増《かさま》しをしていても、分からない。

作っている企業の信用が要る。

そもそも、何をそんなに、練り回しとんねん。

誰が初めに、練り出したんや。

そのままでも食べられる魚を、なんで練ろうと、なったんや？

「これ、練ろうぜ！」

「なんでやねん、そのまま食えや！」

なったはず。初めはなったはず。


「アイツおったら、『なんで練るねん、そのまま食えや〜』ってウルサイから、勝手に練〜ろ〜っと」

これが、はじまり。


練り回される方の身で考えたら、最悪だ。

原型を留めず、ペースト状にされ、棒に巻きつけられて、焼かれたり、蒸されたり。

ある日、自分の親父が病院のベッドで、息を引き取るとする。

目の前でそれを、看《み》とるとする。

「親父〜〜」言いやすい。


でも、工場のラインに流されて、すり身になる親父を目の当たりにしても、

「親父〜〜」　なんか、言いにくい。

というか、すぐに、「どれや〜?」になる。


うちの親父一人では量が足りないと、赤の他人の親父も何人か混ぜて、すり身に。

で、棒に巻きつけられ、一斉に焼かれる。

流れてくる、何百本もの、親父ちくわを見て、

「どれや〜?」になる。


「工場長さん、うちの親父は、どこですか?」

『どこって言われましても、一旦全部を混ぜてますからねぇ……』

「だいたい、どの辺りかだけでも!」

『いやぁ、今日の分に入っている、としか言いようがないですねぇ……』

「あの辺りですかね?　……親父〜〜」

『あれは違います。え〜と、お父さんはDの釜です』

「これですね……親父〜〜」

『それ、Bです。お父さんはDです、ABCDのDです』

「ああ、これか、親D〜〜……間違えた、親父〜〜」てな具合になる。


ちくわについて、考えてみました。

おやすみなさい。

北海道のお祭り

北海道のお祭りで漫才。

移動時間、往復でなんと十三時間。十分漫才して、とんぼ返り。

マネージャー、付き添いなし。

自ら「ラピート」のチケットを買い、勝手に関空へ行き、飛び立った。

操縦はしていない。

新千歳空港に着くと、出口を出てすぐの所で、「西森さん大林さん」と書かれたプラカードを持った、タクシードライバーのおっちゃんが立っていた。

ラウンドガールみたいに、立っていた。

でも、書いているのは、「吉本興業御一行様」とかじゃなく「西森さん大林さん」。

恥ずかしかった……名指し。

初対面の、桂三段《かつらさんだん》さんという落語家さんと空港で合流し、現場へ。

初対面なので、落語家と嘘をつかれていても、分からない。

知らない人二人と、現場へ。

いつも思う。

「これは、いつ誘拐されても、おかしくない」

そこから、二時間半のタクシー移動。

走行距離、キャノンボール。or、マッドマックス。

着いた。

お祭りでの野外ライブなので、プレハブで待機。弁当なし……腹ぺこ。

出番前ギリギリに、出店の、小さい豚丼がきた。慌てて食べた。

それ以外に本番まで楽屋へは、誰も来なかった。珍しいことだ。こういうのは、まずない。

三段さん、僕ら、の順で演目を行うらしい、と、三段さんが噂《うわさ》を聞きつけた。

誰も楽屋に来ないので、「らしい」としか分からない。

テレビで見たことのない司会者が、ステージ上で急に「桂三段さん、どうぞ〜」と言って、はけていった。

誰も呼びに来なかったので、三段さんは、あたふたしていた。

三段さん、出ようとしたが、出囃子《でばやし》もなければ、マイクもない。

三段さん、自分でカバンからMD出して、渡しに行っていた。そこから、スタッフ陣、やっとマイクをスタンバイ。


五分ほど、中断した。


そして無事、三段さんの演目終了。

そこから僕らの為の、もう一つのマイク出すのに、五分中断。

聞いたことない、ロックの出囃子で出た。僕らの演目もなんとか終了。

終わりで、関係者の人たちと写真撮影をしてほしいらしいと、また三段さんからの噂的情報。

普通、関係者と言われれば、おっちゃんが沢山来て、「今日はどうも、わざわざありがとうございます」みたいな感じになる。

しかし、なぜか……女子高校生、一人だけ来た。

何の関係者？　……何これ？

一応、撮った。苦笑いで。

その後も楽屋へは、誰も来なかった。「お疲れ様でした」の、言いようもない。

「どうすれば良いのか」モンスターエンジン、三段さんで話し合い、自分たちのタイミングで勝手に帰ることにした。

僕等が去るときも、スタッフや関係者は、誰一人として見向きもしていなかった。

見送りなしで、勝手に帰る。

帰りの、二時間半乗っていた、タクシーで思った。

これは、正規に入った仕事か？
ギャラは、入るのか？
大丈夫か？
自発的な、小旅行やん。
勝手にすることが、多すぎる。

ドッキリか？
クッキリ見える、長めの幻覚か？
死ぬ直前の、あの「走馬燈《そうまとう》のように」のやつには、この日は入れないでほしい。
今日の一連は、見たくない。
ケツに元々あるデキモノだけが、大きくなった一日だった。

おやすみなさい。

立ち飲み屋

ＮＧＫ（なんばグランド花月）出番。朝十時に一回だけ漫才。今日は、これだけ。

終わってから昼少し前、かまいたちの濱家《はまいえ》とご飯へ行くことにした。

濱家も僕も、もう仕事が終わったので、どこに行こうか迷っていた。

ジャルジャルの後藤も行きたいというので、まだこの後も仕事のある後藤が一番行きたくないであろう、立ち飲み屋へ行くことにした。

ランチのメニューはない。

後藤は、行っている途中も、着いてからも、嫌そうだった。

後藤は、唯一といっていい立ち飲み屋でのランチメニューの、カレーを食べていた。

僕と濱家は、まるで夜かのように、だらだら飲んだ。

することのない後藤は、カレーを食べた後すぐ、お茶漬け。その後も暇そうだった。

後藤の次の仕事は、ＮＧＫの二回目出番。十三時前だ。

お茶漬けを食べ終えた後藤は、一時間ほど、ただ立っているだけ。

僕らはそのまま飲んでいくので、自分のタイミングで、二回目の出番へ行くように、と告げておいた。

ただ一つだけ、後藤に注文をつける。


「何も言わず、急に出て行ってくれ」と。


不思議がっていたが、「西森さんが、それでいいなら」と承諾してくれた。

三人でワイワイ飲んでいた。実質飲んでいるのは、僕と濱家だけ。

後藤への注文をちょうど忘れた頃、急に後藤が無言で出て行った。


一瞬ドキッとしたが、思い出した。

僕と濱家は、笑うのをガマン。

透明の自動ドアを出て、傘置きから傘を取って、去っていく後藤。

見えなくなって、二人で大笑いした。

店員のおばさんが、後藤をずっと目で追って、フリーズしていた。

「な、何も言わんと、出て行きはったねぇ」と不審がる。
それを言った後も、外を見たまま、少しの間、フリーズ。
笑いをこらえるのに必死になった。
一応、言っておいた。
「あいつは、ああいう奴なんですよ……いつも、何も言わずに出て行くんです」
おばさんは、「はぁ〜」言うてた。
おやすみなさい。

普通の製品

鉄のアート作品作りで、また工場へ。

これだけ工場通《がよ》いが多いと、ただの「旧車好きの元ヤン工員」だ。

夕方の三時に到着した。

いつもより遅めだったので、急いで作業に入ろうとしたら、親父がそれとなく話かけてきた。

「ちょっとな、これをなあ……今日中に仕上げたいんや……」

なんか微妙な言い回し。嫌な予感がする。

ふん、ふん、と話を聞いた。

結局……てのひらサイズの部品を四つ、僕にやらせたいとのことだった。

長さ40ミリの円柱の部品だった。

いつも工場を借りているので、断れない。

親父は、

「ぱぱっとやったら、すぐ終わるさかいに」という台詞を連呼していた。

十五歳まで徳島に住んでいたくせに、「さかいに」と、言っていた。


図面を見ながら、作業工程を聞いていく。

突っ込んで質問する。

『ほんで、ここまでやればええの？』聞いた。

「いや、その後のこれもや」

『え？　そこまでやったら、すぐ終わらんのちゃうの？』

「ん？　まあ、ぱぱっとやれば、すぐ終わるさかいに」

『え？　説明がよく分からんな。一番最後の仕上げまで、せんでええってことは、ここまでやろ？』

「いや、その次の工程まで、やってくれ」

『ほな、ぼぼ全部やん』と、なった。

到底、すぐ終わる作業ではなかった。

自分の技術をフル活用して、なおかつフルスピードでやって、五時間かかった。

しかも……普通の製品なので、公差というものが存在する。

「何ミリから何ミリまでの間で、仕上げなさい」というのが公差だ。

今回は、100分の5ミリ以内。よくある感じの公差だ。

当然、サシを当てて目で見ても、寸法は分からない。

学校の技術の授業で使った「ノギス」という測定器を、課金しまくって豪華にしたような測定器……「マイクロメータ」で測る。

通称マイクロ。

マイクロで測定しながら作業を行う。


自分の作品の十倍は、神経を磨《す》り減らした。

鉄アートの作業時間を確保する為、フルスピードでやったのが、仇《あだ》となり……

その五時間で、完全に……精も、根も、尽き果てた。


午後九時前、僕が作業を終えて、ぐったりしていると、僕より先に帰ろうとしていた親父が話しかけてきた。

「なんや、疲れたんか?」呆れた感じだ。

でも、思う。

疲れるに決まっている。猛スピードで五時間。疲れるに決まっている。ドミノやったことないけど、同じぐらいだと思う。


僕は仕事が遅い方ではない。自転車のパンク修理なんか、自転車屋のオッサンと同じスピードでできる。家の前に看板だけ出して開業してやろうかと思うほど。

それでも、五時間かかった。

僕はヘナヘナな声で返した。

『寸法決まってる普通の製品は、ホンマに疲れるわ』

「まぁ、そらそうや。お前はまだ数こなしてないからな。まぁ、でも……それが仕事や！」


僕の仕事は、お笑いだ。


なぜ……その台詞がスラスラと出てきたのか？

昨日、『プロフェッショナル』でも見たのか？

言い回しが、完全に工場の弟子向けだ。

「仕事っていうのは、そういうもんや！」

僕、何も言うてないのに、もう一回言うてきた。

一番繰り返さなくて良い内容を、きっちりと、もう一回。

僕は、言い返す気力もなく、誰にも聞こえないボリュームで……

『俺、お笑いやから』と、確かめる為にも言っておいた。

「ほな、怪我だけ、ないようにな……わし、帰るわぁ」

親父は、一言一句、いつも通りの帰り際の台詞を言って、帰って行った。


この帰り際の定型文も、よくよく考えるとおかしい。

好んで怪我をする奴は、いない。

よって、「怪我だけは、ないようにな」と言われても、承諾のしようがない。

「くれぐれも、気を付けてな！」が正解。


本当に疲れた。

疲れすぎて、その部品だけ作って、すぐ帰った。

車で帰っている道中の四十分間、ずっと思った。
『これは、いったいなんや』
本日、ただ工場に、工業部品作りに行っただけ。
おやすみなさい。

抗生物質

素潜りしてないのに、ずっと耳に水が入った感じになっていた。

頭を叩くとボーンボーンと言うてる。

そなもんで、耳鼻科へ。


左耳が中耳炎《ちゅうじえん》になっていた。

副鼻腔炎《ふくびこうえん》という急性蓄膿《ちくのう》にもなっていて、その膿《うみ》が左耳へ入ったらしい。

綺麗な黄緑色の鼻水が出ている。


それにしても、熱あるわ、咳も止まらんわ、急性蓄膿やわ、中耳炎やわ、ケツのデキモノ暴れ回るわで、散々だ。

抗生物質などをもらい、帰った。

後日、抗生物質のおかげで、ケツのデキモノ、小さなった。

「何に効いとんねん」

おやすみなさい。

竿にぶら下がって

ベランダ用の物干し竿《ざお》を、部屋干しで使えるように、壁にフックを付けていた。

するとムスメが、「それでぶら下がって遊びたい」と言い出した。

仕方なく応じる。 僕が竿を両手でバーベルのように持って立ち、ムスメがそれにぶら下がる。

肘《ひじ》を曲げ、自分の胸のあたりまで、竿ごとムスメを持ち上げる。

筋トレにしても、重すぎる設定だ。

僕は力一杯、何度も竿を上げ下げさせた。

ぶら下がるムスメは、喜んでいた。

でも、なぜか……ムスメが急に……竿を離した。

重さのなくなった竿が、一人欠けたシーソーのごとく、急加速で上へ上がった。

そして僕の下唇へ直撃した。


めちゃくちゃ痛かった。

当たった尻から、下唇が腫《は》れていくのが分かる。

痛すぎて笑ってしまった。


「ごめ〜ん」

謝るムスメの、トーンは軽い。

『痛ったぁ〜……ちょっとこれ、血ぃ、出てない？』

「出てな〜い」

ひと安心。どれぐらい腫れているか、洗面所へ行き、鏡で確かめた。


思いっきり、血が出ていた。

何の嘘なのか。

子供はすぐに、意味のない嘘をつく。
はてなマーク出たまま、僕は言う。
『血、出てるや～ん』
ムスメ、クスクス。

何の嘘なのか？

「パパ～、今日、注射やったけど、泣かんかったよ」
『へ～、すごいやん』
後ろから、ヨメが、「あんた、泣いたやん」

何の嘘なのか？

目撃者が真後ろにいる状態で、なぜ嘘をつくのか？

ムスメは、真顔。

また、問い詰める。
『ママが泣いたって言うてるやん』
ムスメ、真顔のまま、ソファーでゴロゴロ。
『ママが泣いたって、言うてるけど……』
質問には答えない。真顔のまま、ゴロゴロ。
急に無視。

これは、どういう状態なのか？
違和感という言葉を知らないのか？　いや、知らない。
この分だと、教えるにも苦労しそう。
この分だと、あらゆる面接に落ちそう。

毎日翻弄《ほんろう》されています。
おやすみなさい。

カーナビ

神戸近くに営業だったので、自分の車で行った。
川沿いのややこしい場所にある会場だった。カーナビに場所を入れ、出発。
着く直前、ナビ通り、電車の線路の高架下を通る。

冷や汗が出た。
普通のセダンが、ギリギリ通れる高さしか、なかったからだ。
僕の車はスポーツカーで背が低いので、通れた。
でも僕がもし、車高の高いハイエースに乗っていたら、上半分がなくなっていた。
油断も隙もない。
古くて安物のナビだから、アップデートもできない。
新しくできた道路を走っていると、何もない所を矢印だけが突き進む。
もし、自分がナビだったら、気まずくて仕方ない。
詫びのひとつぐらい、あっても良いと思う。

ポーン、

「すいません、この道、存じ上げておりません」言えよ。

ポーン、

「すいません……今……海の中走ってます？　そんな訳ないですよね、大丈夫ですよね？」言えよ。

このナビは取り外し可能で、すぐに、どの車にも付けることができる。

なら、今回の車は何か、初めに聞いてほしい。

ポーン、「今、何の車乗ってます？」て、聞いてこいよ。

というか、一番初めに出るナビの会社のロゴいらんから、大きい字で、「無理なこと、多めです」て、出してほしい。

これで、オールクリアだ。

おやすみなさい。

ファンの人

営業で、四国の鳴門《なると》で漫才。

劇場の裏口を出て、すぐの所に、喫煙所があった。

一応、セメントの壁で外からは見えないように、なってはいるが、回り込めば誰でも入ってこられるスペース。

そこで、出番前、タバコを吸っていた。

すると、同い年ぐらいの、ガリガリの汚ーい「宅八郎が散髪しただけ」みたいな男が、わざわざ回り込んで、劇場裏口の喫煙所へ、チラシ片手に、やってきた。

本当は、入ってきては、いけないところだ。

そして、目の前の僕を見るなり、

「ビーフケーキさん、ですよねぇ？」

「ビーフケーキ」とは、その日一緒の営業に来ていた後輩コンビだ。

あまりにも、見た目も行動も、キショかったので、僕は無視した。

すると短髪の宅八郎は、チラシの中の芸人を指でなぞりながら、また、

「ビーフケーキさん、ですか?」繰り返す。

僕、小さい声で『違います……』。

「あっ……モンスターエンジンの人かなぁ?」

と言って凝視してきたが、タバコも吸い終わっていたので、無視して扉を開け、劇場へ入った。

「プリマ旦那」の野村という後輩も喫煙所にいたが、「代わりに相手して」という意味も込めて、その場を去った。

ほどなくして、「プリマ旦那」の野村が楽屋へ帰ってきた。

「西森さん、あの男、まだ、なんかゴチャゴチャ言うてましたよ」

『ああ、そう』

「ほんで、あの男の友達が来て、怒られてましたよ。『あの人はモンスターエンジン

の西森さんや、失礼なこと言うな』って言うて」

『へ〜』

「ほんで、怒られてすぐ、僕の顔見て、『ビーフケーキさん、ですよねぇ』って言うてきました」


宅八郎はなぜ、顔も分からない芸人を探しているのか？

全く意味が分からない。


楽屋にいた皆が口を揃えて、「絶対ファンじゃない」と言い出した。

すると、本物のビーフケーキ近藤が口を開いた。

「僕も、その男に話しかけられました。なんかチラシ持って近付いてきて、『ライセンスの藤原さんですよねぇ？』って」


もう、失礼を通り越して、存在がギャグだ。

「でね、否定したら、『そんなはずない、嘘つかないでください』って言われました、なんか全員のサインを集めてるみたいですよ」

集めて、どうするのか？

全員のを集めても、顔と名前が一致しないはず。

楽屋の奥にいた「コマンダンテ」というコンビの石井という後輩が、その話を聞いて出てきた。

「僕も、話しかけられました……なんか、手帳を僕の前で開いて、『もうサインはしてもらいましたかねぇ～？』って言うてきました。はあ？ってなりましたけど、一応、してないって言うたら、『ちょっと待ってください、確かめます』言うて、その場で待たされました」

おもしろい奴だ。

「第一声失礼-1グランプリ」があったら、断トツで優勝だ。そして、すぐ殿堂入りするだろう。

なんやかんやあって、公演も終わり、帰ることになった。

車に乗り込むとき、その宅八郎は僕のところへ猛突進。

「サイン！　サ、サイン！」

無茶苦茶、気持ち悪かった。


身内を人質に取られているのか！　というほど必死の形相。

思わず、「いや」と言ってしまった。


生まれて初めて、「サインしてください」と言われて、「すいません、急いでます」とかではなしに、

「いや」と言ってしまった。


まあ、でも、断ったのも誰かよく分かっていないだろうから、よしとしよう。

おやすみなさい。

釣り、始めました

ケーブルテレビで、釣りの番組を見た。

二十代の可愛い、釣り初心者の女の子が、スタッフの手助けなしで釣りをするという番組。

この番組を何回か見ているが、毎回シロートの、若くて可愛い女の子が出ている。

まぁ、そういうことなんだろう。

情報収集から入り、釣具屋《つりぐ》へ行き、最後は実際に釣る。

その道中、沢山の見知らぬおじさんたちに、アドバイスを受ける。

が……若くて可愛い女の子なので、どのおじさんも、過剰なほど助けてくる。

釣具屋の店員のおじさんは、長時間、買い物に付き合い、どこでどう釣れば良いかも全て教えてくれる。

釣りの現場へ行けば、仕掛けを全てやってくれる、おじさんが現れ……釣れなければ、一から十まで、いや一から十三ぐらいまで教える、おじさんも現れる。

全員が、デレデレしている。

アドバイスするときの立ち位置も、かなり近い。
僕がこのシリーズをよく見るのも、それらのおじさんと同じ理由だ。　でも、思う。

是非、ブスで、やってほしい。

稀《まれ》に見る、超絶なブスで、やってほしい。　絶対、録画する。
藤子不二雄の漫画に出てきたなら、「ブス田ブス子」と名付けられるような、ブスな女の子でやってほしい。

誰も助けてくれず、途方に暮れるブス田。
折れた竿、片手に、夕日を眺めるブス田。

永久保存版になるはず。

この番組のオープニングは、たいがいインタビューから入る。
単独女優もののAVと同じで、スタッフに質問される。

そのとき、「今までの、釣りの印象は?」という質問に答えるブス田の、
眉間の「デカイホクロ」だけを、アップにしてほしい。
スタッフの悪意を感じたい。
真横から撮って、しゃくれ具合何センチと、テロップ出してほしい。

通常放送は毎回、情報収集に、半日かかる。
ブス田は、誰にも助けてもらえず、三日間かかってほしい。
「知らんがな!」言われてほしい。
「自分で調べろ!」見てみたい。

そして、薄い薄い情報の元、あまり釣れないポイントに向かってほしい。

釣具屋では、ただ高いだけの竿を買わされ、それ持って、現場に向かう。

「へぇ～、そうなんですか～、結構お金かかりますねぇ～、普通のサラリーマンの人たちだと、手が出ないですよね～」言うてほしい。

必要ない物も買わされ、荷物だらけ。


防波堤に着き、釣ろうとするが……アオイソメという、ムカデみたいな気持ちの悪いエサを、付けられずアタフタ。

釣り場にいる、おじさんに助けを求める。

「す、スイマセン、気持ち悪くて、エサ付けれないんですけど……」

「は？　誰が言うとんねん、自分も同じようなもんやろ！」


これ、見たい。


釣り場で、隣のオジサンと、糸が絡まる。

「何しとんじゃ～～、シロートは出て行け～～」

これも、見たい。

でも、こうなると、見ていくうちに「助けてあげたい」という思いが先行して、最終的に人気が出そう。

頑張れブス田、負けるなブス田。

波瀾万丈ブス田、ブス田奮闘釣り日記。

題名は決まった。　是非見たい。

おやすみなさい。

パパのお仕事

とうとう四歳のムスメが、はっきりと質問してきた。

「パパのお仕事は何？」

嘘をつきたくなかったので、『お喋りする仕事やで』と答えた。

ムスメ、少し沈黙……「水筒の話、する？」

何のことか分からなかった。

『水筒？』

「そう、水筒……」

『お茶とか入れる、水筒か？』

「そう」

『うーん、するときもあるよ』

「リュックの話は？」

『リュック？　かばんのリュックか？』

「そう」

『するときもあるよ』

「注射は？」

『注射もあるよ、なんでも話するよ』

その後も延々と質問は続いたが、僕は途中で寝てしまった。

平和。

おやすみなさい。

ひとりで壁あて

夜、芸人仲間でまたフットサルをした。

月四回、年四十八回やっている。


僕は、学生時代サッカーをしていなかった未経験者だ。でも、かなり上手い方だ。

なぜかと言えば、『キャプテン翼』の影響で、五歳から八歳ぐらいまでの間、毎日のように一人でサッカーボールを蹴っていたからだ。

日曜日なんかは朝九時から昼まで、近所のブロック塀に向かって蹴り、昼食を取り、昼から気が済むまで蹴り続ける。

小学三年にあがるまで、友達と遊んだ記憶があまりない。ひたすら壁に蹴る。

だから僕は、クラブ活動でサッカーをしていなかったのに、カーブをかけて、落としながら曲げる軌道のフリーキックを蹴れたりする。


あの頃の自分を思い出すと、愛おしく感じる。

親は心配していたに違いない。ちょうど、ブロック塀にボールを蹴っているさまが家から見えた。

家は団地の二階だ。

見えなければ、親も「友達と遊んでいるのかな」と思えるが、見えてしまっているぶん、辛《つら》かったと思う。そのすぐ横の小学校のグラウンドでは、近所の同年代の子供たちが、子供会のチームでソフトボールをやっていた。


今、日記を書きながら思い出した。

母親が何回も「洋一は、ソフトボールは、せえへんのか？　みんな楽しそうにやってるで」と誘ってきていた！

「ええ、いいわ、ちょっと行ってくるわ」とだけ告げ、壁にひたすらボールを蹴り続ける。


今考えると、異常だ。そのことで、頻繁に夫婦で会議していたに違いない。

「お父さん！　洋一、また朝から一人でやってるで、ほら見て」

『ああ、そう』

「いや、『ああ、そう』やなしに。あれ一体、何やのん？　ひたすら壁にボール蹴って」

『う〜ん、まあ　何か、やりたいんやろ』

「お父さん、止めてきて。なんかもう、私、怖いわ」

『止めてきてったって、そんなんお前、何も悪いことしてないがな』

「早《は》よ、行ってきて。ほんまに、あれ何やのん？　何の大会にも出る訳でもないのに、ずっと蹴ってるやんか」

『ええがな、放っといたら』

「ええことないから、ほら見て、お父さん。一段落して、やめるんかなと思たら、今度は、野球のボール投げ出したで。ほら、見て、すぐ横で、子供会のソフトボールやってんのに、近所の子は。でも、洋一は、そのすぐ横で、ずっと壁に向かって、何あれ」

『飽きたら、勝手にやめるやろ』

「何言うてんのん、もう三年以上やってるやないの！　ほっといたら、人と関わり持たれへん、変な子になるで」

『大丈夫や、心配せんでも』

「あれっ？　お父さん見て、なんか友達来たわ」

『ほんだら、もう、わし行かんでええがな』

「その友達も、壁に向かってボール投げてるわ。キャッチボールしたら、ええやないの！　なんで各々《おのおの》で壁にボール投げんの？　友達も変わってるわ～」

『ええがな、放っといたら』

てな具合に、なっていたに違いない。

おやすみなさい。

母親目線で書いてますけど、これ本当です。

診察

ケツの肛門横のデキモノを切りに行った。

十年前に一度大きくなり、切開して、膿《うみ》を出してもらった。そのときは結局ゴルフボールぐらいにまで、なった。

病名は肛門《こうもん》周囲《しゅうい》膿瘍《のうよう》。

そのときに切って膿を出して治療したところが、また暴れ出したのだ。

痛くて、長時間椅子に座れない。で、仕方なく病院へ。

デキモノが自我を持とうか、というぐらい大きくなった。

だから「デキモノ」ではなく、今は、「友達」と呼んでいる。

お酒を飲みすぎたりすると、暴れ回って警告してくれる。

「それ以上飲んだら、椅子に座られへんようにするからな！」

と、警告してくれる。

だから、友達。

十年前に切開したときは、あり得ないほど痛かった。

メスの先に辛子《からし》が付いていると思った。

今日もまた辛子かと思うと、病院への足取りは重い。

一人牛歩。

病院に着き、受付をすると、「紹介状のない方は、別途五千円かかります」と言われた。

他に行くのが面倒すぎて、ひれ伏した。

診察室へ入り、とりあえず、すぐ切って、膿を出すことになった。


ズボン、パンツ共に、膝まで下ろしてチンコ丸出し。

同い年ぐらいの男の先生と、おばちゃん看護師のタッグが、デキモノの位置を調べ出す。

僕のチンコには、無反応。

「あれっ、俺チンコ付いてなかったかな?」となるぐらい無反応。

「チンコ近辺、フリーザみたいになってたっけ?」となるぐらい無反応。

ベッドの上で、壁に向かい、膝をかかえ、横に寝ていると……いきなり、ノーモーションで、肛門に指が入ってきた。

「これは痛いですか？」質問された。

先ほど紹介したタッグとは、違う声のおじさん。というか、おじさんらしき声。

目の前が壁で、顔が見えない。グリーと顔を捻れば見られるが、したくない。

肛門をグリグリしてきて「これ痛いですか？　これはどうですか？」の応酬。

《挨拶なし初対面、肛門グリグリ》

不自然。

「やり直し～」叫びたい。


そして、切った。

もしかすると、肛門周囲膿瘍ではなく、もっと深刻な、「痔瘻《じろう》」かも知れないと言われた。

後日、ＭＲＩを撮る予約を、取らされた。

ＭＲＩ作った人に申し訳ない。

そして、終わって、会計。

セルフのガソリンスタンドみたいな自動支払機にバーコードを読み取らす。

「一万二千円」と出た。　高〜。

初診の五千円を引いても、七千円……高〜。

純金で計算したら、ＢＢ弾一発分ぐらいあると思う。

だから、ケツの皮膚内に入れていた純金のＢＢ弾を、メスで切られて、盗まれたことにした。

「いざというときに、使うはずが〜」と言ったことにもした。

高かった。


おやすみなさい。

気まずいコンビニ

家から一番近い最寄りのコンビニが終わっている。

以前、その日記をインスタにあげた。

すると……知らないところで、それを女店長が読んでいた。 僕が酷評しているのがバレた。

後日、「ちゃんとさせます」的な感じで謝罪され、無茶苦茶気まずかった。

今日昼間、ここで買い物をした。

胸倉を掴まれていない方の、おじいちゃん店員が、レジ。

この人も仕事が遅い。 普通の遅さではない。

もしも、ああで、こうで、こんな感じやったら嫌やなあ、と想像してください。


それです。

おじいちゃんはレジで「ピッピ」している短い間に、「いつもありがとうございます」を、なぜか五回も言うてきた。

三十秒もない間に五回。ということは、ほぼ連呼。故障したてのロボット。

「いつもありがとうございます」「いつもありがとうございます」……「何回言うねん」思った。

ほんで小料理屋でもないから、「いつも」とか要らんし。

すこぶる回数多いし。

たぶん……店長が「あいつは、インスタに酷評を書くから、丁寧にするように」と言ったんだろう。

僕はお金を払い、出入り口に向かった。

背後に気配がする。振り向いたら、おじいちゃん店員。

「はっ」となる。お釣りの間違いかなと思う。

おじいちゃん店員、棒立ち。

「何?」ってなる。

何も言わずレジから出てきて、こっち見てる。

「ノーモーションで、いきなり殴ってこんといて」思う。
おじいちゃん、ガゼン棒立ち。
向こうに用がないなら、こっちにはもっと用がない。　だからそのまま出る。
自動ドア、開く。
おじいちゃん店員、棒立ち。
僕……おじいちゃんの方、チラチラ見ながら出る。
おじいちゃん、ドア付近まで来た。
店の中から「いつもありがとうございます」言うて、頭下げてきた。
お見送りしてきた。

コンビニでお見送り。
やりすぎ、やりすぎ。　聞いたことないし。
恥ずかしい。　「オーナーかな」って思われるし。
変なコンビニ。

そんなんいいから、テキパキ動いてほしい。

揚げ物を今まさにフライヤーへ入れようとしていたのは分かるけど、レジ前に客いたら、すぐ来てほしい。

レジで待つ客をチラッと見てから、ゆーっくり先に揚げ物入れるの、やめてほしい。

ほんで、「すいません、お待たせしました」ってわざとやん。

「揚げ物は譲れませんので」って言うてほしい。　なら、思いっ切り笑える。

これをインスタに上げたら、なお気まずい。

気まずいスパイラルは永遠に続く。

おやすみなさい。

外食

夜、家族で外食。
夜は居酒屋に変身する、かすうどん屋で、食べた。
十八時に入店し、客は僕ら四人だけ。

一歳十ヶ月の息子は、食欲旺盛。うどんにも、がっついていた。
小皿に移したばかりの、うどんを即、口に持っていこうとする。
「熱いで！　ふーふーせな、あかんで」再三注意した。
聞いてはいるが「人間三大欲」の「食欲」に、息子ぼろ負け。
Aクイックさながら、口へ。

『アトゥイ〜、アトゥイ〜』
熱い、とまだハッキリ発音できない。
二歳前にしては、かなり喋るが、ハッキリ発音はできない。

喋れるのも単語だけ。

「カブトムシ」の発音は『カットゥムシィ〜』

「てるてる坊主」の発音は『ティィエルティィエル、バォウズ〜』

日本語で映画のＣＭに出るハリウッド俳優。


面倒臭いので、僕はいつも、大人相手のように、息子にも話す。

「だから、言うてるやん！　ふーふーせな！」

『アトゥイ〜、アトゥイ〜』

「はい、ふーふーってしい！」

『ふーふー』

「言うてるだけやん、ちゃんとふーふーって、せな！」

『ふーふー』

「だから、それ言うてるだけやん！　こうやん、ふー」

『ふー……アトゥイ〜、アトゥイ〜』

「何回すんねん」

四回、熱がって、そこからは猛スピードで完食。　息子は、全部で0・8玉ぐらい食べた。

サイドメニューも、たらふく食べた。

腹がパンパンになった息子が、何やら言っている。

よく分からなかったので、無視して、食べ続ける。

息子は、謎の同じフレーズを、繰り返している。

あまりにも繰り返すので、耳を凝《こ》らして、聞いてみた。

『そろそろ、行こかぁ〜』……言うてた。

どこで、覚えたのか？

覚えるにしても、見本は誰なのか？　しかも、誰であっても、一日に何度も言う台詞ではない。　それを、ピンポイントで間違わず、使っていた。

驚いた。

驚きと同時に、爆笑してしまった。

ヨメにも確認した。

「これ……『そろそろ行こかぁ～』、言うてるやんなぁ」

「そうやで、言うで」


なぜ、普通でいられる？


面白すぎて、何度もその台詞をせがんでしまった。

「え？　何て？」

『そろそろ、行こかぁ～』「ハハハハ」

「え？　何て？」

『そろそろ、行こかぁ～』「ハハハハ」

「もう一回、言うて」

『そろそろ…………………………………………………………行こかぁ〜』

ちょっと、タメ作った。「ハハハハ」

言葉を覚える順番、無茶苦茶。

おやすみなさい。

ＭＲＩ

ＭＲＩの撮影をする為、病院へ。

肛門の横のデキモノが、もしかすると痔瘻《じろう》かも知れないということで、詳しく調べる為にＭＲＩ行きとなった。


説明しよう。

痔瘻《じろう》とは……肛門と直腸の境目にばい菌が入って炎症を起こし、その炎症がなぜか内部に進行して肛門横辺りの皮膚まで進み、勝手に細い管を作る。そして、その管を通り、皮膚の表面まで来たばい菌が、化膿《かのう》して腫《は》れる。


世にも汚い病気なのだ。

メインの直腸があるにもかかわらず、サブで勝手に「ミニ直腸」をケツに作ってしまう。

全く意味の分からない病気だ。

そして……自分で勝手に作ったクセに、出口はないから化膿して腫れて熱が出る。

自らで、自らを攻撃して熱が出るのだ。

自画像を描いて、自宅の廊下に飾る。　夜中に便所に起きたとき、それを不審者と思い、金属バットで叩きまくるのと同じ。

病気というか、もうこれは嫌がらせだ。

収支がマイナスの副業を、苦しみながら続けているようなもの。

ナイチンゲールでも「あれ、もうやめとき」と言ってくるぐらいの副業。

誰も得をしない。


その検査の為、ＭＲＩで肛門付近を撮影。

細いベッドに寝かされ、その外側を巨大な機械のドーナツが移動する。　知っている人もいると思うが、ＭＲＩは作動するとき、驚くほどの爆音がする。

「ギュイーン……ゴゴゴゴー」

あらかじめ伝えられていたが、もし説明されていなかったら、

「ちょっと待って下さい。　これ壊れてる。　一旦出ま～す」

と、飛び出してしまうほどの爆音。

そして、十五分間もかかる。爆音で十五分。……ＭＲＩ、必死。
爆音すぎる為、射撃場でしか見たことのないヘッドホンを付ける。
そこからはコブクロの『さくら』のオルゴールバージョンが流れていた。
思った。
「許可とってんのか？」思った。
コブクロの給料明細書に「ＭＲＩ分」って項目は、あるのか？
いろいろ思っていたら、すぐに撮影は終わった。ほんですぐ帰った。
結果報告は「明日また来てくれ」とのこと。面倒くさい。
その日は「痔瘻《じろう》かも」「いや違う」と揺れまくって、一晩過ごした。
疲れた。
おやすみなさい。

結果

痔瘻《じろう》だった。

聞いている人は「ひゃあ」とか、「わあ」とか言うかも知れない。

最悪だ。

もう友達とは呼べない。

しかも……ややこしい管の作り方になっているらしく、「この病院ではオペできない」と言われた。肛門専門の病院でないと無理らしい。

痔瘻《じろう》にも種類があり、単純痔瘻《じろう》と複雑痔瘻《じろう》があるらしい。元々の痔瘻《じろう》に馴染みがないのに、単純や複雑。

「どんどん行かんといてくれ」と思う。

単純痔瘻《じろう》は、まっすぐ管が伸びているタイプ。

僕の複雑痔瘻《じろう》は超複雑で、はじめは背中側に行っているのに、急カーブして、最終的にお腹側の肛門横から出ている。

お腹側は大事な神経が多く通っているらしく、この病院で除去するのは無理らしい。

僕は「超複雑痔瘻《じろう》」だった。

痔瘻《じろう》か痔瘻《じろう》でないか、ひと晩ドキドキしていたら、あっさり痔瘻《じろう》で、しかも一番厄介なやつだった。

最悪だ。お笑い芸人の名前みたいな、「単純痔瘻《じろう》」がよかった。

痔瘻《じろう》のオペは、できた管を根こそぎ、周りの肉ごと切り取ってしまうらしい。

直線なら切り取る肉もまだ少ない。しかし僕のはほぼ往復しているので、距離が二倍だ。それを根こそぎ取ったら、肛門横の片側の肉だけ無くなりすぎて、治ったときに絶対、肛門歪《ゆが》むと思う。

予想だが、右側だから肉が右に引っ張られて、絶対、ウンコ右に出ると思う。

嫌だ。

ウォシュレット避けまくりだと思う。

嫌だ。

「超複雑痔瘻《じろう》」になった後、次に僕は「ウォシュレット避け」になってしまう。

「ウォシュレット避け」て、なんや！

「ウェービング肛門」になってしまう。「ウェービング肛門」て、なんや！

そうなると……便座に横向きで座らないと、いけない。

縦に肛門がズレていれば、ウォシュレットの調節ボタンで何とかなる。


僕は家でウンコをしているとき、鍵をかけない。

それが習慣づいている。

よく四歳のムスメがウンコをしているときに、ドアを急に開けてくる。

「閉めて！　パパ、今ウンコしてるから」ムスメ……『ぎゃはははは』

これ、よくされる。

でも、横に座っていたら……

「閉めて、パパ、今ウンコしてるから」

『なんで横なん？』

「え？　別にええやん」

『パパ、なんで横に座ってんの？』

「ええ？　肛門、歪んでるからっ」

『肛門って何？』

「ウンコ出るところ」

『ウンコ出るところ？』

「そう、パパはウンコ出るところが歪んでて、ウォシュレット当たらんから。だから横やのっ」

『ふーん』

「絶対、真似したらアカンで！」て、なる。長くなるし最悪だ。

そしてある日、便所から聞こえてくると思う。

『パパ～、パパ～。ちょっと来て』

「何～」

『見て～』

「だから、真似したらアカン言うたやろ！」

これ、絶対なりそう。

絶対右に曲がるし、絶対なりそう。

面倒くさい。

そして、先生といろいろ話して、結果、オペが怖すぎて、一旦保留してしまった。

最悪だ。

おやすみなさい。

5・85ミリのドリル

今日もまた、実家の工場へ鉄のアート作品の製作をしに行った。

そして、親父がまた言うてきた。

親父は天才的に同じことを言う。

また言うてきた。

「今日は、なんかやることがあって来たんか？　なかったら、してほしいやつ、あるんやけど」

だから、なかったら来ない。

毎回同じことを言ってくる。最近はもう……着いた瞬間に言うてくる。

希望的観測の塊で生きている。台詞の語尾を「やったらなぁ～」にすれば良い。


でも、今日も一応、無償で手伝った。

また……かなり難しいやつ。

鉄の玉を作った。

しかも、直径38ミリ、プラスマイナス1000分の1ミリの球体。

つまり……37・999ミリから38・001ミリまでの間で、仕上がっていないといけない。

並大抵ではない。

でも一時間半で、できた。前にも、作ったことが、あったのさ!

千鳥のノブさんが見ていたら、言うはず。

「おおおお、仕上げとるっ仕上げとるっ」言うはず。


その後、ドリルの整理をした。

「鉄に穴を開ける為の螺旋状の硬い棒」、ドリル。

うちでは、直径1ミリから30ミリぐらいまで使う。

しかし……全て整頓されておらず、様々なドリルが、ごっちゃになっている。

決まった寸法で穴を開けたくても、ドリルを探すだけで時間がかかる。

ドリルは大体、0・1ミリ刻みで五本ずつある。

1ミリから5・9ミリのドリルが、なぜか、ひとまとめにされている。

三百本以上が、ごちゃごちゃっと引き出しに入っている。

考えられへん。

発狂しそうになった。

「2・8ミリ……2・8ミリ……あれも違う、これも違う……これか？　これも違う……さっきのが3ミリだとすると、少し細いこれか？　これも3ミリ……違う……確かに細く見えた……確かに細く見えた……どれだ、どれだ、ああ～～～」

毎回、この感じの一歩手前まで行く。

だから、勝手にケースを買ってきて、仕分けた。


5・85ミリのドリルが五十本も出てきた。

絶対、こんなに要らん。

「あれぇ～？　5・85のやつ、どこや～？　あれ～？　ないなあ～……買～おう」

だからだと思う。


親父は、整頓されたドリルを一目見て、道でゲロを見たときのように、

「うわぁ～」と発した。

絶対に前の状態の方が「うわぁ～」だ。

まさか、そんなリアクションをするとは。　親父は、ちゃんと狂っている。

でもこれが通常モード。

扇風機なら「狂う」で、(狂)のつまみしかない。

「今日は、なんかやることがあって来たんか?」も……納得してもらえると思う。

今、うちの工場には、親父の兄貴がアルバイトに来ている。
七十歳手前の「重《しげ》ちゃん」という、おじいちゃんだ。
昔、工場で職人をしていて、定年退職したから来ている……と、思ったら、
……ドシロートだった。
見よう見真似で働く重ちゃん。　可愛く見えてくる。
作業中も西森ばっかり、休憩中も西森ばっかり。

三時の休憩中、親父の席のテーブルにパンがあった。　またいつものデカいパンを買ってきていた。

フルートを入れるケースかと思ったら、パン。

ラグビー後にしか、食わんやろ!　というほどのパン。

でも親父にとっては普通のパン。

マーガリンがベットリと塗られ、その上にまだ、砂糖が、かかっている。

アメリカ人考案のパン。

千キロカロリー超えのパン。

親父が僕に、そのパンを勧めてきた。

「洋一……パン食べるか？　重ちゃんが買ってきてくれたわ」

買ってきたのは重ちゃんだった。重ちゃんもデカイパン買ってきていた。

ＤＮＡ鑑定、必要なしの兄弟。遺伝子レベルで惹かれるパン。

じゃあ、僕も好きなはず。

エンゲル係数を抑える為に、あのデカイパン始めようか。でも、あの巨大なフルートケースのようなパンを頬張っているところを見られたら……

「ちょっと見て……あいつには大事な話、せんとこう」

「ほんまやな、あのサイズ食べる人、信用でけへんな」て、なりそう。

やめておこう。


おやすみなさい。

言わなかったが、思った

この日は、ヨメの実家へ家族を迎えに行った。三人とも五日間ほど帰っていた。ヨメの実家は、兵庫の城崎《きのさき》温泉あたりだ。

マフラーを替えたばかりのご機嫌な86で行った。前のマフラーに比べると、かなりうるさい。でも音がいいので、ついアクセルを踏んでしまう。

三時間ほどで、正午に着いた。

ヨメの実家には、お父さん、お母さんもいた。

お父さんが尋ねてきた。着いてすぐ尋ねてきた。玄関開けてすぐ尋ねてきた。

「今度、八鹿《ようか》町へ漫才しに来るやろ」と。

僕は、一週間以上先のスケジュールを把握していない。『はぁ、たぶん行くと思います』と答えた。

お父さんは続けた。

「八鹿《ようか》や八鹿《ようか》。ここからちょっと南に行った所。八の鹿って書いて八鹿《ようか》。漫才しにくるやろ」

僕は、『はぁ、たぶん』と繰り返した。

「八の鹿って書いて八鹿《ようか》。その近くに、九に鹿って書く所もあるんやで」

僕はまた、『はぁ』。

「八の鹿で八鹿《ようか》やろ。じゃあ九の鹿でなんて言うと思う？」

『はぁ～、なんでしょう』

「八の鹿で八鹿《ようか》、でも九の鹿ではまた違うんや」

『はぁ～、ココノカとかですかね』

「九の鹿で九鹿《くろく》って読むんや、なかなか読まれへんやろ」

『はぁ～』

僕は、心の中で思った。

『到着したての奴にする話ちゃうやろ！』言わなかったが、思った。

『到着して一分以内にクイズ出すな～！』言わなかったが、思った。

『まずムスメと喋りたいんじゃ～！』言わなかったが、思った。

そして、到着して三分ほど経って、またお父さんが尋ねてきた。

「給料も大丈夫か？　生活は問題ないか。大変な世界やからなぁ。浮き沈みあると思うけども」

また僕は思う。

『展開早いな。まだ着いて五分経ってないで』

お父さんは続ける。

「こちらも、嫁《とつ》がせた身やからな、西森君にムスメを託した身やからな、心配でな」

『昼から重いな』言わなかったが、思った。

なんやかんや話して、一時間後、帰ることに。

僕はそばを食べて帰りたかった。「出石《いずし》そば」という、うまいそばがある。お父さんがそば屋を紹介してくれた。

「さっき言うてた八鹿に、最近新しいそば屋できたわ。そこ行ってきたらええわ、わしは行ったことないけど」

『行ったことないんかい。まずかったら嫌やろ。老舗《しにせ》教えろや、老舗を』言わなかったが、思った。

結局、そばは食べずに帰ることに。お父さんもお母さんも見送りに家の前に出てきてくれた。

86の後ろにチャイルドシートを付けて、子供を乗せている。碌《ろく》な親ではない。

お父さんもお母さんも、それには一切ツッコまない。

アクセルをちょっとでも踏み込むと、すごい音がするので、一ミリか二ミリだけ踏んで発進した。

エンスト寸前である。

でもマフラーを替えて、うるさくなったことを、ヨメの両親にはバレたくない。

慎重に慎重を重ねて、進む。

なかなか曲がり角に行き着かない。ミラーを見る。まだにこやかに二人は手を振っている。

やっと曲がり角が来た。ここを曲がれば、もう見えなくなる。少し減速して、これまたゆっくり曲がる。

エンスト寸前、車が、ガックンガックンなりながら曲がった。

曲がり角から二百メートルほど離れてから、普通に走った。


ヨメの両親は、思ったと思う。

「もっと普通の車乗れよ」言わなかったが、思っていたと思う。

「ほんでお前は、音を出さずに帰ったつもりかも知らんけど、我々からしたら。無茶苦茶うるさいから」言わなかったが、思っていたと思う。

「ほんで、なんで色がほぼパトカーやねん」思っていたと思う。

「ガックンガックンなってたけど、大阪、着くんか?」思っていたと思う。

「もっと勢い良くクイズ答えろや」思っていたと思う。

「最近テレビで見いひんから、心配しとんねん」思っていたと思う。そうに違いない。


新しいそば屋の件以外は全て、あちらの言う通りだ。家には無事、着いた。

おやすみなさい。

ゴリラの実験

外国人が書いた、人間の能力についての本を読んでいる。

沢山の実験データを基に書かれている。

ゴリラの実験、というものがあった。

被験者に、バスケットの試合を見せて、パスの数を数えさせる。

その映像には、途中、コート上に着ぐるみのゴリラが出てきて、カメラに向かい、胸を叩いたりして、数秒アピールする場面がある。

バカバカしい実験だ。


実験が終わると被験者に、「VTR中、おかしなことは、ありませんでしたか?」と、質問をする。

すると、半数ほどの人間が、「別に何も」と言ったらしい。

ゴリラを見落とすのだ。 ありえない。 パスを数えることに集中しすぎて、見落としたのだ。

見落とした方の被験者たちが、ネタばらしをされ、再度、ＶＴＲを見る。
「そんなはずはない」と、口々に言う。
「ＶＴＲを、すり替えたに違いない」と、言い張る。
でも、実際、元から、ゴリラはいた。

人間とは、その程度の生き物らしい。
だから、携帯で電話しながらの車の運転なんて、自殺行為らしい。
しかし、助手席の人と会話する場合は、危険性がほとんどないと書いていた。
なぜか……

・電話に比べ、話が聞き取りやすい。
・危険な場所での運転時は、黙ってくれる。
・直接、赤信号などの指摘をしてくれる。

という、理由からだ。

読んでいて思った。じゃあ、俺は、どうなる？

俺、やばくないか。思った。


僕は、助手席の人と会話しているだけで、走り慣れた地元の道を、激しく間違う。

「どこ行くの？」よく言われる。

「赤やで、赤、赤！」しょっちゅう、言われる。


一人で運転しているときは、正常だ。

とはいうものの、誰も確認する人間がいないので……普通に信号無視している可能性がある。

考えるだけで、恐ろしい。


「おい見ろ、旧車や！　86や！　……うわ、信号無視した！　危な〜〜！　モンスターエンジンの奴や！　おい、見たか今！　乗っとったん、モンスターエンジンの奴や

〜！」

……なっているかも知れない。

二十二、三歳の頃、おいでやす小田とコンビを組んでいた。
ライブ前、楽屋の壁に向かって、ネタ合わせ。

徐々に喧嘩になって……最終的には、声張り上げての言い合いになった。

それを見ていたスーパーマラドーナの武智さんが、面白がって、喧嘩する僕らと壁の間を、変顔《へんがお》をしながら通りすぎた。

僕らコンビと、壁との隙間は一メートルもない。その狭い隙間を、変顔で横切った。

実に、しょうもない行動だ。


何分後かに、その話になった。当然、小田は気付いていた。

僕は、何の話か分からなかった。

「なんか、そんなことが、あったような……」と言う僕を、二人とも、白い目で見ていた。

小田が興奮する。

「いや、通ってたやん……しょうもなすぎて、突っ込む気、失せたから、俺は無視したけど……あれ覚えてないの？」

故意に、無視した小田と……喧嘩に集中しすぎて、見えなかった僕。

武智さんは、両方に無視されていた。

もし自分がその立場だと思うと、顔が真っ赤になる。

喧嘩している後輩コンビに変顔し、狭い狭い隙間を、わざわざ壁に背中を、擦《こす》りつけながら通りすぎ、無視される。

考えるだけで、恐ろしい。

変顔から真顔に戻った瞬間を、見たかった。

結果的に、二人に無視されて……確認はできなかったが、おそらく百二十点の真顔を、武智さんはしたと思う。

免許の写真みたいに、なってたと思う。

白目と黒目の区別がない銅像さながら、無機質になったと思う。

色を塗る前のフィギュアみたいになった、武智さんのＶＴＲが欲しい。

それを僕が見たとしたら、

「絶対ＶＴＲすり替えてるやん、こんな近く通って、気付かん訳ないやん」

と、言ったに違いない。

あのときの武智さんの行動は、それはもう、実に、実に、しょうもなかった。

実際には覚えていないから……リアルに想像すると、笑けてきて仕方がない。

結局、武智さんのバカバカしい行動について書いてしまったが、車の運転には気を付けよう。

おやすみなさい。

誘い文句

昼間、二人の子供と、公園で遊んだ。

一時間半ほど遊ばせ、帰る時間がきた。

「行くで〜」「いや〜まだ遊ぶ〜」

毎度の、やり取り。


ちょうど、お昼どきだったので、他の家族も帰ろうとしていた。


僕は毎回、言うことを聞かないときは、「ジュース買いに行こうか？」と、最後の切り札、ジュースをすぐに出す。

すると、「え？　ジュース〜？　行こう〜」と、なる。


どこの親子も、今、同じようなことを言っている。

僕と同い年ぐらいのお父さんと、三歳ぐらいのムスメの、親子がいた。

帰りたがらないムスメに、そのお父さんが言った。

「ネギ、買いに行こう」

「何々してあげるから帰ろう」史上、最も弱い誘い文句。

「ネギ」……何の魅力もない。

もしその子が、ネギ好きだったとしても、単体では食べない。どう転んでも脇役。

「ネギ、買いに行こう」……なんと、そそらないことか。

「家帰って、プリキュア見よう」

これは、分かる。それの代わりが、「ネギ」。

「家帰って、ニュース見よう」これぐらい、そそらない。

「家帰って、排水口の掃除しよう」これぐらい、そそらない。

「ネギ、買いに行こう」ほら、もう紛れた。

いろんな、親子がいます。
おやすみなさい。

プラスチックみたい

東京でネタ番組。久しぶりに、ハライチに会った。
ハライチの岩井は、ほんの少し、本当にほんの少しだけ、小皺《こじわ》が増えていた。
岩井のような《お肌ツルツル人間あるある》……肌がツルツルで柔らかいので、小皺になりやすい。
僕は、肌がゴッツゴツなんで、小皺のできようがなく……いきなり「デカ皺」になる。
野球のグローブに小皺が付きにくいように、僕の顔にも小皺は付きにくい。
ダレノカオガ……グローブヤネン。
当然、楽屋で澤部《さわべ》にも会った。
全く変わっていなかった。いや、何なら、若返っていたようにも見えた。
澤部は、顔がフィギュアみたいになっていた。

《売れてる人間あるある》……顔がプラスチックみたいになる。

数々、見てきたが……多かれ少なかれ、プラスチックみたいになる。

「あっ、こいつ最近、顔プラスチックみたいになってきたな！　もしや、もうすぐ売れるんか？」

よく、思ったものだ。

線がクッキリして、細かい毛穴なんかのディテールが、無くなったようになる。

少し、人間からは遠ざかる。

プラスチック現象は、芸能人に特に多い。スキンケアをしすぎたら、なるのかも知れない。

今まで、完成されたキャラの芸能人を楽屋で見て、よく思った。

「めっちゃ、プラスチックや！」

声に出しても、意味が分からないので、思い留めていた。

「最後、塗装してますよね？」

意味が分からないので、留めていた。

「ほんでホンマの最後、艶消《つやけ》しのクリアー吹いてますよね？」

意味が分からないので、留めていた。


でも……家では、よく、ヨメに話していた。

「今日、〇〇見たわ、めっちゃ、プラスチックやったで！」

『へえ〜、ああ、そう』

ヨメも、理解していた。


澤部に至っては、プラスチックどころか……「こいつクローンかも！」と、思ってしまった。

「何体かいて、コンディションの良い奴が収録に来てるんちゃうか？」

と思うほど、完成されていた。

「プラスチック度、測定器」で測定して、「プラスチック80％超え」の奴しか、表に出ないのではないか？

僕もプラスチックにならなければ、いけない。

話芸や漫才を鍛えて、少しずつ顔がプラスチックになっていく……のではなく、物理的に顔をプラスチックにすることだけに、専念して……。

そっちから、アプローチしてみようか。


「なんか最近、西森の顔、プラスチックみたいに、なってきてないか？」

『ああ、なってきてる、なってきてる』

「気持ち悪いよな……？」

『気持ち悪い、気持ち悪い。ずっと同じ表情やし』

「あれ、なんか塗料を、吹き付けてるんかなぁ？」

『かもな。不自然やもんな、カチカチやし、光沢《こうたく》すごいし』

「ほんで……口が開かへんのか、ストローでミックスジュースばっかり飲んでるよな？」

『ああ、それ、よく見る……俺見たときはスムージーやった』

「もう、固形物食べてないのかな？」

『かもな……たぶん、精神的な病やろうなぁ』

「顔カチカチで喋られへんから、ラジオもクビになったらしいで！」

『マジで！　なんの為にやってるんやろうなぁ』

「一応、売れる為らしいで。噂《うわさ》な、噂。気持ち悪いから、直接話してないし、噂な！」

『へ〜、精神的な病やろうなぁ』


結局、流れに逆らわず書いてみたら、「精神的な病」になってしまった。

物理的には、やめておこう。


おやすみなさい。

自転車屋に電話するオッサン

朝七時の飛行機で、東京から大阪へ帰ってきた。四時間しか寝られかった。眠い。

自宅近くに着き、喫茶店でモーニングを食べて帰ることにした。

午前十時十五分、モーニングを食べ終える頃。

隣のテーブルに座っている、五十代後半、白髪まじりのオッサンが、電話をかけ出した。

「もしもし、自転車屋さんですか？　そちらの店は、どんなん置いてます？　ママチャリばっかりですか？　ブリヂストンとか、ミヤタとか置いてます？」

喋り出しがおかしい。

僕はこの喋り出しを聞いた瞬間に、日記のノートを開いた。

「もしもし、自転車屋さんですか」って？　自分でかけたんやから、そら、そうやろう。

ほんで、マナー違反。大きい声で電話している。

オッサンは、次に購入する自転車のことを聞きたいようだ。

普通なら「ちょっとお聞きしたいんですけど」みたいな感じで、話し出す。

それを、このオッサンは、「もしもし、自転車屋さんですか?」。

絶対、おかしい。

ご飯屋を予約するとして、そこが焼鳥屋さんだったとする。

いきなり電話で、「あの、予約したいんですけど」が普通のパターン。

でも、この横のオッサンは、「もしもし、焼鳥屋さんですか?」から入ることになる。

全く要らない言葉だ。


で……今僕は、リアルタイムで、横のオッサンのことを日記に書いています。

オッサンは、まだ電話している。

「ブリヂストンって言うても、アルベルトは嫌なんやわ。あれ高すぎるやろ。アルベルト以外で、なんかお薦め、ないかな?　アルベルトは確かに良いけど、高すぎるわ!」

めっちゃ、うるさい。

「アルベルト」という名前の自転車が、あるらしい。

なんか聞いたことはある。チェーンのかわりにベルトなのか。

オッサンはまだ喋っている。

「アルベルトは予算オーバーなんやわ。ブリヂストンが間違いないってのは、分かってるで。でも、高いわ」

言いたい。「欲しないもんの話、どんだけすんねん」と言いたい。

「はよ、本題入れよ」と言いたい。


オッサン、喋る。

「まあ、でも、もし川に自転車を落として金のオノ、銀のオノみたいな感じになった場合、落としたのはアルベルトです、って言うけどなぁ」


オッサン、のってきた。

でも言いたい。

「聞いてる店員の身にもなれ」と言いたい。

「店に電話して開始一分で、金のオノ、銀のオノとか言うな」と言いたい。

「ほんで、金のオノ、銀のオノの話と同じやったら、正直に『落としたのは、普通の自転車です』って言わんと、全て無くなるぞ」と言いたい。

「そして、自転車を川に落とすときは、自分も一緒に落ちるときや！」と言いたい。


オッサンは大きい声で、まだ電話している。

「一回な、アサヒサイクルの自転車乗って、えらい目に合ったんや～」

めっちゃ、うるさい。

僕は、アサヒサイクルの一万九千八百円のロードバイク風の自転車に乗っている。五年ほど乗っているが、すごく良い。故障も全くない。

オッサンが喋る。

「アサヒサイクル、あかんわ。あれ、ガタガタやろ」

黙れ。ほんで、なんやガタガタって。もっと他に表現ないのか。

オッサン、喋る。

「アサヒサイクルは、あかんねん。ブリヂストンかミヤタで、ええのないかな。関西は、ほんまアサヒサイクル多いからなぁ」

黙れ。

どうでもええ話ばっかりするな。

お前は、どこのメーカーが良いとか、どこが悪いとか、言うな。
大きい声でマナー違反する奴が、言うな。

今、むっちゃ、ウンコしたい。
もう漏れそうなので。
もったいないが、今からウンコに行きます。

今、ウンコから帰ってきました。
オッサンは、まだ大きい声で電話している。
しかし相手は、もう自転車屋ではないようだ。
やってしまった。
これは残念。オッサンは学校の話をしている。
マナー違反で鬱陶しいが、残念だ。

オッサン、喋る。
「そうしたら、岬町《みさき》あたりの学力がぐっと上がるんや。和歌山からも、通ってきよるで～。東大とか、京大出た先生入れて、なめられへんようにな」

黙れ。

「わしが、町長なったら、そうするけどなぁ～」

なれるか！　黙れ。

喫茶店で、バカデカい声で電話する奴が、なれるか。

「岬町もそうやけど、関西は、ほんまアサヒサイクル多いなぁ～」


相手、まだ店員やった。

まだ店員と喋ってた。

もう全く自転車と関係ないというか、「その電話、ほんまにまだ繋がってんのか」

と、聞きたい。

俺が店員やったら、絶対に切る。

ほんで、こんなオッサン、絶対自転車買わん。買ったとしても、安もん。

ただ喋りたいだけ。真剣に商売してる人の邪魔してるだけ。

オッサンは、「ああ、そうですか」と言って、電話を切った。

店員に、「で、結局、何の用ですかっ」と言われたのかも知れない。
日記が無ければ鬱陶しいだけだったが、日記というもののおかげで楽しめた。
それほど腹も立たない。
「おっさん、ありがとう」　いや、違う。
「オッサン、あんたは黙れ」
他の人は皆、迷惑そうやった。
日記、ありがとう。

では、店を出ます。

おやすみなさい。

T-BOLAN

ヨメが、T-BOLANのモノマネをしながら、家へと帰ってきた。
ちょうど、玄関入ってすぐの所に、僕はいた。
そんな所には誰もいない、と思っていたに違いない。
と、思いきや……僕、見ても……そのまま、続けていた。 おかしな奴だ。
しかし、ええもんを見た。
とても、嬉しかった。
こういうのが、一番、嬉しい。
おやすみなさい。

入院

さっきから、入院しています。

今、ベッドの上で、この日記を書いている。

たまに試みる、「リアルタイム日記」というやつです。

痔瘻《じろう》という、痔業界でも世界ランキング常に一位の、ややこしい痔になってしまった。

だから、手術の為、入院しています。

肛門と直腸の境目あたりから、中を通って、外のお尻や肛門横などへ、勝手に通り道の管を作り、その管が化膿するという、世にも汚く、意味不明な痔になってしまったから、今、入院しています。

その管を取り除く為の、手術。

手術は、明日の朝。

今、昼の、十二時四十八分。

朝九時半に、梅田のこの病院へ到着。手続きして、病院内の諸々の説明を受けた。
手術は明日。

今日はもう既に、一時間四十八分前から、することがない。しかし、外出もダメときた。

今さっき、病院で精進料理みたいな昼飯……そして、この後、晩飯も病院で食べる。
以前にロケで食べた精進料理の方が、豪華だった。

で、一晩寝て、手術は明日。明日の朝九時から、手術。
それまで、ただ、ひたすら待機。

ん〜、しかし、呼ぶの、早《はや》ない？

今日の晩からで、良くない？


今日の夕食時までは、何を食べても、飲んでもいいんですって。

……じゃあ、やっぱり……晩からの入院で、良くない？

呼ぶの、早ない？


することがなくなってから三十分経った午前十一時半ぐらいに、勝手に外へ出て、タバコを吸ってしまった。

監視されてないので、勝手に外へ出て、吸った。

外出もダメで、院内は全面禁煙。ということは、今日は吸えないはずだった。

でも、勝手に外へ出て吸った。ダメだと言われると、余計に美味しく感じる。

毎喫煙で、「ダメですよ」と、言ってくれる人を雇いたい。

そして……今日から四泊する。


大げさじゃない？

痔で入院する日数じゃないことない？
暇すぎて、日記が無駄に、長くなりそうじゃない？

で、今、十四時二分、ベッドの上……時間経つの遅い。
十四時あたりで、血圧を測ったりするらしく、待っている……その次のは、十九時あたりで測りに来る。

そう……また勝手に外出て、吸おうと思っています。もう、決めています。
すぐ隣のビルに、オープンカフェがある。
堂々とそこで、コーヒー飲んで、タバコ吸おうかなぁ……。思っています。

今、十四時の血圧測定が終わった。
十七時頃、先生が診《み》に来るらしい。

そして……はい、今、吸うてます。
続けて、二本吸うてます。

病室戻って十五時……今、渡された書類に目を通してます。

「術後は大便を、一日二回までに抑えてください」とあった。

いや、そんなうまいことコントロールできるか！

「多くても、三回以内にしてください」

いや、そんなうまいことコントロールできるか！

「固くもなく、ゆるくもない便にしてください」

いや、そんなうまいことコントロールできるか！

「だいたい、練り歯磨き程度の硬さにしてください」

いや、だから、そんなうまいことコントロールできるか！

一回触って確かめろってことか！

十七時頃、ヨメと子供二人が見舞いに来るらしい。

まだ手術していない、プレーンな、いつも通りの西森を見に来るらしい。
「毎日、病室行くからな！」とヨメ、なぜか嬉しそうだった。

まだ、後、二時間弱ある。　暇だ。

そして……今、子供らが来た。
うるさすぎるので、すぐに帰ってもらった。
なんか起こるかも！と、三人部屋にしたのが、間違いだった。
子供の声は、通りすぎる。　すぐに帰ってもらった。

その後……、今、夜ご飯、食べ終わりました。

イヤホン忘れ、今、無音でテレビ見てます。
三人部屋だから、音を出せない。
『世界まる見えテレビ特捜部』のスペシャルを、全部音なしで見た。
意外といけた。

午後十時消灯。　こんなに早い時間に寝られるはずもなく……。

入院中は、ほぼ病院食しか食べられないので、退院したときに絶対ええもん食うたろうと、この辺の美味しそうな店を、夜中一時ぐらいまで、約三時間ほど探しまくった。

ほんで、疲れて、寝た。

おやすみなさい。

オペ

今日は、手術当日。　朝六時起床。　九時、手術台の上へ。
怖かった……。
人生を振り返ると、今まで、ガッチリした手術室に入ったことがなかった。
テレビでよく見る感じの、手術室。
下半身麻酔なので、手術台の上へは、僕が自ら上がる。
死刑台に自ら上がる海賊王のようだ。
お医者さん、手術器具、手術室をセットで見た途端、心臓がギュッとなった。
「ホンマにするんですか？」と、言いそうになった。
この三点セットの破壊力は、並ではない。
なぜか、バンジージャンプを飛ぶ前と同じ感覚になり、混乱した。

断れる訳もなく、自ら台に乗る。

大蛇に腕を噛まれる怖さに比べれば、まだ我慢できた。「ジャッジ洋一」のおかげだ。

噛まれといて、良かった。いや、ええ訳ない。


そして、すぐに麻酔。背骨と背骨の間に、麻酔を打つ。怖すぎる。

刺すところ見てないけど、怖すぎる。


他にも、刺されたら嫌なところ。

わき……絶対に嫌！

目……絶対に嫌！


その後……出産のときとは反対向きの「うつ伏せ」で、脚を開き、チンコ丸出し。

俺は一体、何回、人前でチンコ丸出しになるんや！

この時点で、ここにいる七人ぐらいの人たち全員に、モンスターエンジンの西森、とバレている。最悪だ。

皆、僕のチンコに対して、何の感想もなし。
「あれ？　今日は、付いてなかったかな？」
と思わせるほど、僕のチンコを無視。
「よく、剥《む》けてますね」ぐらい言うてくれても良かった。
「ええ、まぁ、遺伝ですわ」ぐらい、返した。
しかし、怖すぎて、恥ずかしい感覚も薄れる。
よく考えると、どこも海賊王じゃなかった。
死刑だとしたら、「何、この殺し方？」と、なる。
僕の症状は、痔瘻《じろう》の中でも厄介な、千人に一人の複雑痔瘻《じろう》だ。
オペは、かなりの時間を要する。
十八分、かかった。

早《はや》っ。

それでも、長かった方らしい。

さすが、関西に二人しかいない名医だ。

ベッドのまま、病室へ移動。看護師さん、三人がかりで押してもらった。

「その為にベッド細かったんや」と、どうでもいいことに納得。

全く歩けない怖さときたら。

仰向けのまま、六時間安静。術後すぐは、下半身の感覚ゼロ。怖すぎる。

もしこのときに足を高く上げてしまうと、麻酔が横隔膜《おうかくまく》まで上がってしまい、呼吸できなくなって、死んでしまうらしい。

名医のおじいちゃんが、そう言っていた。

「推理物のドラマで、こういう殺人事件もできるね！」と、笑顔で言ってはった。

確かに、とは思ったけど……自分が当事者なので、全く笑えず……能面みたいな、相槌だけ打っておいた。

六時間、経った。　今、十五時四十五分。

看護師さんに、点滴を外してもらう。

最後、点滴の注射針を止めているテープを剥がすときが、一番痛かった。

腰辺りの背骨に麻酔したときより、手術より何より、最後、テープを剥がすのが、一番痛かった。

点滴の注射針を刺される瞬間より、それ止めてたテープ剥がす方が、倍近く痛かった。

看護師さんの専門的技術が必要な、最後の作業。

それが、テープ剥がして、注射針を抜く作業。

スマートフォンサイズの、透明な、よく貼り付くテープを、ゆ〜っくり、ゆ〜〜っくり、メリ、メリメリメリ、メリ、メリ、って剥がされた。

まさか、これが一番痛いとは……。

手術が無事、終わって、嬉しかったので、顔は引きつったけど……快く我慢できた。

そして夕方、また家族揃って見舞いに来てくれた。
ムスメ、すぐに僕のベッドへ飛び乗り、寝てた。ガッチリ、布団を被って、寝たふり。
「小学生、中学生ごっこ」という、毎日家でやっている謎のごっこ遊びを、病室でも敢行。

すぐに、帰ってもらった。やっぱり、うるさすぎる。

僕は、慣れているし、自分の子供だから、許せる。
しかし、同室の他人の子供がギャーギャー言うほど、迷惑なものはない。
しかも、よく分からん、「小学生、中学生ごっこ」。

だから、すぐに、帰ってもらった。

前の日の夜から、二十四時間、絶食のち、午後六時、病院で夜ご飯。

お腹が空きすぎていた。

この近辺の、美味しいご飯屋さんなんて、どうでも良くなるぐらい、病院食が美味しかった。

完全なる一人で、『孤独のグルメ』をした。


二十一時ぐらいから、ケツ痛くなってきた。

三人部屋の、三人とも痔瘻《じろう》で、三人とも今日、手術。


僕の向かい側の人は男性で、少し柄《がら》が悪い感じの、推定四十歳。

長身の茶髪。ずっと、看護師さんにも高圧的。

吉井和哉を、柄悪くした感じ。柄悪イエモン。ワルモン。


消灯前に、看護師さんとワルモンのやり取りが聞こえてくる。

「おしりの方は、どうですか」

『痛いわ〜』

「ちょっと、患部見せてくださいね〜」

『おう』

「ちょっと、おしり、触りますよ〜」

『切ったとこ、触ったらアカンでっ！』


めっちゃデカイ声で、言うてた。


『切ったところ、触らんといてや！』

「切ったところは、触りませんよ、尿とりパッド、ずらすだけです」

どんな人でも、痔瘻《じろう》は、とてつもなく痛いのだ。

僕だけじゃなかった。

ケツ痛いまま、寝た。

おやすみなさい。

退院

一日早く退院した。

気を遣《つか》ってもらったみたいだ。「お仕事があるでしょう」とのこと。

しかし、もう休みは取っているし、ケツ血だらけで仕事はできない。

でも、病院にいても同じことなので、退院した。


会計は、五万三千円。手術ありなのに、安い。ええホテル二泊したぐらいの値段。

これに関しては「日本、死ね」とは、逆を思う。

「日本、ありがとう」


病院を出てすぐ、タバコを吸った。二日ぶりのタバコ。

歩かれへんぐらい立ち眩みして、笑えた。


家に帰り、ヨメが作った昼ご飯。

食後にコーヒー。僕はコーヒーを飲むと、すぐに催《もよお》す。大も、小も、催す。
術後、記念すべき初の便意。

その前に、ちょっとだけ、屁が出た。
二日してないので、臭かった。

あらかじめ、するように言われていた、尿とりパッド。
便所へ行き、それを外して、便座に座る。

パッド、見る。深緑色の汁が、出ていた。
これも、あらかじめ言われていた。驚きなし。
そして、ウンコも、ちょっと、出ていた。
これは、あらかじめ言われてない。

笑えた。

感覚が、馬鹿になっている。どれがウンコで、どれが屁やら、訳分からん。

しかし、そこは、日本製尿とりパッド。余裕たっぷりで、吸収。

「いや、兄さん、まだまだ、いけまっせ」聞こえてくる。

「兄さん、次、何吸いましょう?」聞こえてくる。

尿とりパッド、最高。

日記を書き出した一年前、まさか……「尿とりパッド、最高」と書くとは、夢にも思いませんでした。

しかし、最高。

「普段からしようか」と思うぐらい。

どうでもいいが、今日は、結婚記念日。

結婚記念日に、尿とりパッド装着して寝る。

いや、結婚記念日に、オムツ履いて寝る。
寝るとき用に買っておいた、オムツ履いて寝ます。
誰にも、文句は言わせないぜ！

おやすみなさい。

驚くべき手術の内容

仕事は二十四日から。だから今日も休み。

面倒くさいので、履くタイプのオムツのまま生活。

爆買《ばくが》いしに来るだけのことはある。日本製のオムツも、最高の性能だ。

完治しても、やめられるか心配。


そして、また、肛門の話。


驚くべき、手術の内容。

「直腸と、肛門の境目の内側」から、「肛門右横の外側の化膿した皮膚表面」まで、道筋ができてしまったのだが……そこに、細いゴムチューブを通したままにしてある。

それを、輪っか状にして、結んでいる。

その、ゴムチューブの直径を、徐々に徐々に縮めていって、最終、何ヶ月後かに、道をなくすという治療法。

新しめの治療法、らしい。

あの向かいのベッドの柄悪お兄さん、通称ワルモンは、他の病院での治療が無茶苦茶痛すぎて、僕と同じ所に来たらしい。

これも、盗み聞きした。

肛門から腸内に、チューブを通していって、炎症を起こしている所に、内側からぶっ刺す。

そのまま西森が作った汚い道を通し、肛門横のケツの皮膚を、突き破って表へ……

そして肛門から出ている方と、結ぶ。

余ったゴムを切って、出来上がり。

「世の中で一番汚い、ゴムの輪っか」の、出来上がり。

割り箸で作ったゴム鉄砲に、これ付けて、嫌いな奴を撃ちたい。

文ではなかなか説明しがたいが、気付いた方も多いだろう。
そう、僕の肛門からは、常に太さ三ミリほどのゴムが出ている状態なのだ。
常にだ。

だから、ウンコはそのゴムにズリズリ当たりながら、出てくるわけだ。
背中をズリズリ壁に擦《こす》りながら横切った、武智さんのように。
ゴムは当然、引っ張っても取れない。
なにせ肉の中を通っているからだ。ピアスみたいな感じだからだ。
ただ、僕の場合は、ウンコ付きまくっているけど……。
ゴム通ってるから、屁を我慢できず、垂れ流し。
リビングにいるとき、ヨメに言われた。
「パパ、オムツの中に、ウンコあるんちゃう?」

『いや、ちゃうねん、屁が我慢できへんねん』

一応言うた……というか、オムツの中にウンコが有るか無いか、ぐらいは分かる。

舐めるな！　……俺を、舐めるな！

俺は、オムツの中にウンコがあった場合、それに気付ける！　舐めるな！

二歳の息子みたいに、「オムツｉｎウンコ」のまま、走り回らん！　舐めるな！

快適オムツ生活、スタート。

おやすみなさい。

岡本綾子さん

女子ゴルフの中継を見ていた。解説は、岡本綾子さんだった。

岡本綾子さんの解説は、毎回、とても面白い。

ドラム缶みたいに太った外国人選手のショットの後、岡本綾子さんが、言った。

「彼女は、体型とは違う、ショットのうまさが、あります……いや、悪い意味じゃなくて……」

思わず、口から出てしまったのだろう。後のフォローも、無理やりだった。

実況、リポーター、共に少し沈黙。

気まずい空気が流れた。

内心、みんな思っていた……「デブやのに、上手い」

「胴回り、肉だらけやけど、スイングに影響はないのか？」

みんな、思っていた。

「逆に、肉なくなったら、下手になるんちゃうか?」

みんな、思っていた。


一日六時間を、四日間、解説する。

だから、こういうことを、たまに言ってしまう。仕方ない。

でも、西森……そこは、逃さない……すぐ、メモ。

即、日記行き。ニヤつきながら書く。


こういうのを、テレビ中継から見つけると、大変、嬉しい。

岡本綾子さん、スイマセン。許してください。

僕は、あなたの本を……三冊、購入しています。許してください。


おやすみなさい。

はてなマーク

劇場からの帰り、日本橋駅の切符売り場で声をかけられた。

「おっ、ファンの人か？」と思ったら、日本語が全くの二十歳ぐらいの韓国人男性だった。

中国人かも。

でも、韓国人のはず。


顔が韓国人だった。

ジャルジャルで言うと、後藤方面。だから韓国人。

福徳《ふくとく》方面は中国人。

明日からすぐに使える、韓国人と中国人の見分け方、ジャルジャル編。


その子は、切符の買い方が分からないらしかった。英語で必死に伝えてきた。

「あべのハルカス」だけ聴き取れたので、切符を買ってあげた。

乗り場も分からないらしかった。指をさして教えた。目の前の堺筋線《さかいすじ》のホームをさした。

韓国人、ホームへ消えて行った。

僕の頭に小さな「はてなマーク」が出た。

その「はてなマーク」は、すぐにデカくなった。

逆方向に乗せてもた。

韓国人、高槻《たかつき》へ行った。

気付いたと同時に、茶色の電車が走り出した。

韓国人、高槻へ行った。真逆の高槻へ行った。

全く日本語を話せない韓国人に声をかけられ、券売機にどの小銭を入れるかも教えてあげて、ボタンも押してあげて、ホームも指示して、逆方向の高槻に向かわせる。
親切どんでん返し。
明日からすぐに使える、親切どんでん返し、西森編。
悪いことをした。
おやすみなさい。

大量のベビーパウダーを！

痔の手術をした為、今日も朝から、オムツ履きっぱなし。
しかし、便所でウンコをするときは、当然、オムツを脱ぐ。
そのままは、しない。当然。

西森は大人……そのままは、しない。俺を、舐めるな。

ケツの傷口から、まだ、ほんの少量ではあるが、出血している。
それを吸収させる為の、オムツ。

この、ほんの少しの出血が、なにせ厄介。
ウンコ汁が混じった血液で……すこぶる臭《くさ》い。
ウンコより臭い。ウンコ系統のニオイで、ナンバー・ワン。
生理用品を使う人も多いようだが、それだと、ニオイが漏れまくる。

汗をかくと最悪で……「待ってました」と言わんばかりに、ニオイが倍増する。

人間の悪い部分が凝縮されたような、臭さ！

西森の要らない部分の、カスのニオイ。

「カス森」のニオイがする。


ウンコをするときに、オムツを脱ぐ為……毎回、カス森を、直撃で、鼻森がくらう。

頭がクラクラする。クラ森になる。


だから、考えた。

ベビーパウダーを、付けることにした。すぐ、買いに行った。

パフも買ったが、よく考えてみた。

パフは、使えない。なぜなら、パフにウンコが付いたら、一発でオシャカになるからだ。

だから、ティッシュに載せて、塗ってみた。

でも何か、物足りない。汁の水分量に対し、少なすぎる感じがする。

ここからの日記は『プロジェクトX』させて頂きます。

『プロジェクトX』のナレーションのように、ゆっくりと、抑揚《よくよう》なしで、読んでください。知らない人は、調べてから、何か動画でも見てから、読んでください。

だから、西森は……肛門に直接ではなく……オムツに、大量に振りかけた……

もう、反対する声は、気に、ならなかった……そして、その粉だらけのオムツを履き……履いてから、オムツの外からパフパフした……

大成功だった……西森は、大成功を、おさめた……

半日経っても、ニオイは、しなかった……正に、大成功だった……周りからも、口々に、歓喜の声が、上がった……

二十四時間以上持続という大記録も、打ち立てた……

オムツに染みこんだ汁に、粉は、見事に、吸い込まれていた……

サラサラな状態を、維持し続けた……

しかし……代償もあった……

ベビーパウダーの消費量が、膨れ上がった……二日目で、四分の一を、消費した……

肛門が、アメ車になった……

しかし、もう、誰も、陰口は言わなかった……

そして、今、現在も……西森は現役で、粉を、かけ続けている。

♪ヘッドライト・テールライト

「はぁ、まぁ、そやねぇ、何でもまず、やってみる、いうことやね！　……あれは無理、これは無理、言うてる暇があるなら、黙って、まず、やってみる、いうことやね……

答えは、現物にしかないからねぇ……机の上に答えはないよ！」

「プロジェクト、エーックス」

『プロジェクトX』……させて頂きました。

おやすみなさい。

キッズプラザ

キッズプラザという、小さな子供が遊び回れる施設へ、家族で行ってきた。
当然、僕が行きたい訳ではない。これ系は、本当に、疲れる。

許されるなら、夕方からビール飲んで、ゴルフを見ときたい。
痔の手術をしてまだ間もないので、ケツは血だらけで、オムツを履いている。
横になっていたい。涅槃仏《ねはんぶつ》が、羨ましい。

僕の意見が採用されることはなく、向かう。

お弁当屋さんで弁当をあらかじめ買って、施設へ。
この時点で、施設内でご飯を食べることが決定している。そう思うと、気が重い。
まだ着いていないのに、もう、施設を出たい。

一度入ってしまうと、ご飯の為だけに一旦外へ出ることは、不可能。

「この世の終わり」みたいに、子供が泣き暴れるからだ。

『セブン』のブラピみたいに泣く。

激しく泣くときの例えは、いつも、これ。

これに統一したつもりはないが、気が付くと、なっている。


子供たちは……泣き叫ぶ。

「ケツ、血だらけで、施設へ行く方が辛《つら》いやろ!!」

と、真剣に説得したくなる。


我々、親二人は学習し……弁当持参がベストだと、自負している。


到着して、チケットを買う。 親の方が値段が高い。

二歳の息子に関しては、無料。

ワクワクする気持ちに対しての値段ではない。身体のデカさに対する値段。

なら、体重計、置いた方が良い。「キログラム×何円」にするべき。

本当は、親を安くして、ゼロ歳からでも金を取った方が、理にかなっている。

チケットの半券を千切《ちぎ》ってもらい、中へ。

子供たちは、入口を入ってすぐのデカいオブジェを見て、もう興奮している。

「この、入り口すぐの、ここだけで、全部やでっ！」

言いそうになる。

「さぁ、ここだけで、存分に遊びや！」

言いたい。

まだ何も始まっていないのに、これだけ興奮できるなら、本チャンの施設イランやん……と思ってしまう。

四歳ムスメには、誤魔化《ごまか》しは通用しないので……施設内へ。

エレベーターで上昇。

親、二人とも、真顔で……上昇。


この施設は、三階、四階、五階と、三フロアも遊ぶところがある。

もっと、遠慮してほしい。


一歳半くらいから、小学校高学年くらいまでの守備範囲。

もっと、遠慮してほしい。


四階から入った。……巨大アスレチック、あり。
三、四、五階を繋ぐ、巨大アスレチック。
誰の仕業や！


「アスレチック自体で、三階、四階、五階を、繋げてしまうって、どうですかね」

「それ、いいじゃない！」

もっと、遠慮してほしかった。

提案したの、誰や？

アスレチック内には、当然、巨大滑り台もある。

五階から四階に下りる滑り台。メッチャ、デカイ。

四歳ムスメは……すぐに見つけて、滑った。


大人は、その滑り台を滑れない。

目を離すと、瞬時に迷子になる。だから、階段で追いかける。

ケツ、血だらけで、追いかける。


四階で、ムスメが滑り下りてくるのを待つ。

肘を擦《す》りむく子が多いせいか、役所の人みたいな、手首から肘まで汚れないようにするやつを、はめて下りてきた。

「はぁ～」言いながら、事務的に、その役所のヤツを外して、カゴに入れていた。

外すときだけ、「ひと仕事したぜっ」て顔してた。「ふ～」とか、言うて……「ふ～」はこっちだ。


子供の遊びには纏《まと》まりがなく、目についた物へと、突然、走って行く。

しかも、今は四歳のムスメの受け持ち。スピードが速い。

もっと、遠慮してほしい。


「ギャ～」叫びながら、全力疾走かと思いきや……急に、警察官ごっこをするスペースで日誌を黙々と付け出したりする。

大人が同じことをすれば、即、病院送りだ。


子供用の小さなスーパーまであった。

商品をカゴに入れ、その後、レジで「ピッピッ」するのだ。

何も、楽しくない。

しかし……作った側がガッツポーズするくらいの、大行列。


僕と四歳ムスメの前で、別の親子が「ピッピッ」していた。

推定で、お母さん三十五歳、子供一歳半。

一歳半のムスメの後ろから……お母さんが、カゴの中の商品を、一緒に持って、レジで「ピッピッ」。

一歳半……目線、天井。
レジではなく、天井を、見ている。
親が、必死になってやっている。

その一歳半……二人羽織《ににんばお》りで……目に輝き、ゼロ。
九十九パーセント、親がやっている。

行列、できてるときは……やめてほしい。
子供に、その気がないなら、やめてほしい。

その後、うちのムスメは、郵便局ごっこ。
ハガキを何枚か持って、走り回って配る。
家でも、これぐらい、用事してほしい。
普段は、目の前のテレビのリモコンも取ってくれない。

散々……走らされた。

ヨメと二歳息子は、どこにいるか、見当もつかない。


ムスメと走り回っている途中で、二人を見つけた。

二歳息子……アフリカ地方のブースで、髪の毛を振り乱して、太鼓を叩いていた。

大人が同じことをすれば、即、病院送りだ。


アジア系の外国人家族も、沢山来ていた。

息子と同じアフリカブースで、その外国人家族は……四人とも馴染みのない楽器を持って、セッションしていた。

今、思い出すと、少し、ニヤけるが……そのときの僕の目は、死んでいる。

黒目が無かったかも知れない。


そしてまた、ヨメ、息子とは、はぐれる。

四歳、ムスメの、受け持ち。


何分か経って、また、子供用スーパーへ。

すると、ヨメと息子が、レジで「ピッピッ」していた。
息子……天井、見てた。ヨメが必死でやっている。
「お前もかいっ」月並みではあるが、思う。
「ブルータス、お前もか」と、思えば良かった。
四時間、振り回されて、終了した。
夕方からの記憶がない。
たぶん、ノンアルコールビール飲みまくって、寝たと思う。
おやすみなさい。

サッカー教室

公園で小学校低学年の子たちがサッカーをしていた。

大人が二人ついて教える、サッカー教室だった。

一分ほどですぐ終わるミニゲームをやっていた。そして一分経って、負けたチームがダッシュ。それの繰り返し。


小さいながらに頑張っとんなあ……と、ひとつも思わなかった。


二十代後半の、コーチと思われる男性が、負けたチームに、

「はい、ダーッシュ……ダッシュや、おいっ、歩くなっ！」

と、かなり上から罵《のし》っていた。

勝った方もダッシュしたほうが、鍛えることができる。だが、それはさせない。

なぜ、負けた方だけなのか？

罰として、走らせているからだ。

負けたくなければ、頑張れ……ダッシュしたくなければ、頑張れ！


人質と同じ図式だ。モチベーションが上がる訳がない。

しかも、毎回ランダムにチーム換えをするから、終わってみたら全部ダッシュした子供も、いるはず。運動量に差が出すぎ。

小学校低学年くらいなんて、サッカーの楽しい部分だけ見せたらいいのに、と、見ていてイライラした。


小さいながらに頑張っとんなあ……と、ひとつも思わなかった。

あんな奴等がコーチやから、日本のサッカーのレベルが上がらんねん……と、サッカーに対し、何の愛情もないのに、イライラした。


勝った方に、シールあげたら良いのに。

絶対、そうしたらいい！

何枚か貯まったら、カブト虫と交換したら、ええのに。

勝ったら何か見返りがある、と思わせた方が良いに決まっている。

今度見かけたら、勇気出して……でも少し遠目の位置から、いつでも逃げられるように自転車にまたがったまま、メガホン片手に、いっちょ、言うたろかな。

「勝った方にシール は～？」

「ダッシュが嫌で、それが理由で、上手《うま》なるかい！　そんなことより、勝った方にシールは～？」

「というか、お前もそんなに上手ないやろ。日本自体が弱いんやから。つべこべ言わず、シール買《こ》うてこ～い！」

「ほんで、そんな小さい時期から、ユニフォームはいらん。スパイクだけでええねん、練習のときは。スパイクとシール！」

「シール買ってきたから、ここ置いとくぞう〜」

「カブト虫、つかまえてきたから、ここ置いとくぞう〜」

「シール代、もらえますか〜」

「領収書あります〜」

「そっち持って行きます〜、領収書……え、何？　ダッシュで来い？　お前、まだ言うてんのんか、すぐダッシュさすな〜」

いっちょ、言うたろかな。

おやすみなさい。

パウダー振りすぎ

痔の手術をして、今も肛門、血だらけ。
なので、毎日オムツを履いての生活。
かぶれないように、肛門周りにベビーパウダーを振っている。
どうしても、ベビーパウダーを振りすぎてしまう。
今朝、起きてすぐ……オシッコしようとしたら、チンコ、真っ白やった。
チンコ、舞妓《まいこ》さん、なってた。
チン妓さん。
おやすみなさい。

ゴルフ場

四ヶ月ぶりのゴルフ。楽しみすぎて寝れなかった。今日はテンダラーの浜本さんと、浜本さんの友達と、僕との三人でゴルフだ。

兵庫県の「吉川インターゴルフ倶楽部メッチャ」というゴルフ場へ86で向かう。メッチャは、セルフサービスの部分が多い。そのかわりに値段が安い。

メッチャ以外の普通のゴルフ場であれば、正面玄関に到着すると、車から、勝手に係員がゴルフバッグを持って行ってくれる。しかしメッチャは、それがない。全て自分でする。

ゴルフをやり始めた二十五歳の頃、よく実家の鉄工所の軽トラを借りて、荷台にゴルフバッグを載せて、ゴルフ場へ行った。

《軽トラックの荷台にゴルフバッグを載せて、セルフサービスでない普通のゴルフ場へ行ったときの、正面玄関到着あるある》

・ゴルフ場の正面玄関に軽トラで到着するが、ゴルフコースの芝生などを手入れする業者の人と思われて、係員が誰一人として荷台のゴルフバッグを取りに来ない。あるわ〜。

・取りに来ないので、わざわざ出ていって、今日プレーする者です、と伝えに行くが、二十五歳、超ビンボーの若手芸人なので、服装が汚なすぎて、業者じゃないことを説明するのに時間がかかる。あるある〜。

・軽トラックでゴルフに来ている人なんて、僕以外に誰もいないから、正面玄関で係員がゴルフバッグを持って行くとき、笑ってるんやろなと思って見るが、毎回ニヤリともしてない。あるわ〜。

ゴルフ自体はどうなったかと言うと、中村俊輔のフリーキックみたいなカーブする打球しか打てず、結果は１０６でした。最高スコアは、８４です。

おやすみなさい。

ビヨーン

「チンチン、ビヨーンしていい？」と、息子がリビングで言っていた。

ヨメにオムツを替えてもらう為、服を脱いでいる。ついでに、Tシャツも替えてもらうのか、全裸。

大きい声で何度も、ヨメに聞いていた。

「チンチン、ビヨーンしていい？」

ヨメのイントネーション寄りな為、子供は二人とも、標準語に近い。

ヨメの地元は、兵庫県の豊岡。日本海に近すぎて、大阪のいわゆる関西弁とは、互換性なし。

「〇〇だで！」などという独自の方言だ。

「チンチン、ビヨーンしていい？」

僕から、すれば、「なんのこっちゃ……」だ。

ヨメ、冷静に答えていた。

「一回だけやで……はい、やり」

すると、二歳息子……

自分のチンチンの先っぽを、指でつまんで……「ビヨーン〰」

激《はげ》しめに引っ張っていた。

「今、まさに、これが旬《しゅん》だぜ」って感じだった。

「お前らも、求めてたんだろ」って感じだった。

自分がされたと思うと、顔が、しかめっ面《つら》になる。

「ビヨーン」

『はい、じゃあ、オムツ履こうか』

「は〜い」

なんと、無駄な時間か。
ビヨーンをして良いかの確認は、絶対に要らない。

息子と外を歩いているとき、急に車道へ走って行くことがある。
そのときは、なんの確認も取ってこない。

しかし、ビヨーンには確認を取ってくる。
もし、アカンと否定されたら、どうするのか。
ビヨーンごときを禁止されたら、どうするのか。

でも、僕は知っている。　息子のリアクションは……大体こうなる、と知っている。

僕に聞いて、もし否定されたとする。
どうなるか……

「パパ〜、チンチン、ビヨーンしていい？」

『アカン！』

「え？」

『アカン！』

「え？」

『だからアカンって！』

「え？」

『アカン』

「ビヨーン、していい？」

『あ～か～ん』

「え？」

『あかん、オムツ、履き！』

「あっくん、ビヨーンしたい～～」

『アカン！』

「え？」

『アカン！』

「ビヨーンしたい～～～」

『ハイハイ、分かった、じゃあ、しいや！』

「ビヨーン」


こうなる。


自分に都合が悪い返事が返ってくると……たいがいは、「え？」と言う。

そのときの「え？」は、酸《す》いも甘いも分かった、成人男性の「え？」である。

「え〜〜〜」とか、「えっっ!?」などではない。

落ち着いた「え？」である。

『監督！　谷口には、言うなって言われたんですが……実は、谷口……さっきのクロスプレーで、足首をケガしたみたいです』

「え？」


のときの、「え？」である。

カッコイイ「え？」なのである。
うちには、カッコイイ「え？」を使いこなす、二歳の息子がいる。
おやすみなさい。

ごぼう洗うおじいちゃん

祇園花月で漫才出番。
祇園四条まで電車で行き、そこからは徒歩、約十分。
駅から劇場までの道のりで、たまに……表《おもて》でごぼうを洗う、おじいちゃんを見かける。
今日も見かけた。　今回で五回目ぐらいだ。

ホースから水をチョロチョロ出しながら、金ダワシで洗っている。

でも、洗っている場所が……地べたの、アスファルトの上。
綺麗にしたいのか、汚したいのか、よく分からない。
バケツに水を溜めて、それにタワシをつけ……水を含ませて、シャコシャコしている。

毎回、思う。

アスファルトは、汚いけどなぁ。

毎回、思う。

最終的に、なんの料理になるんやろ？

毎回、思う。

出来上がって、食べたとき……ジャリっ、とかならんのかなぁ。

今回は、長めに見た。

通りすぎてからも、首、捻って、見続けた。

すると、おじいちゃん……バケツに溜めた砂まじりの水で、顔を洗った。

何でもありの人やった。

「バーリトゥードドライフ」送っている、おじいちゃんやった。

この、おじいちゃん……二度づけ、するやろうなぁ。

手の平側で、目、擦《こす》るやろうなぁ。
かけ湯、せんやろうなぁ。
レシートとお札が、同じところにゴチャゴチャ、やろうなぁ。
ハイオク指定に、レギュラー入れてるやろうなぁ。
スイカ、種《たね》ごと食うやろうなぁ。

やろうなぁ。

おやすみなさい。

二日酔い

朝、起きると、なぜか、ＮＧＫの楽屋にいた。
この日の朝方まで……スーパーマラドーナの武智さんたちと、飲んでいた。
朝、四時くらいからの記憶がない。初めての経験だ。
今まで、いくら飲んでも、記憶が飛んだことはない。とてつもなく怖かった。
カラオケで、朝三時ぐらいまで歌っていたのは、少し覚えている。
周りの後輩たちが、ＮＧＫまで送り届けてくれたに違いない。
「到底、自転車では帰れない」と、なったのだろう。
目が覚めたのは、午前十一時前。なんか、おかしかった。
なんか、違和感がある。

二日酔いで、気持ち悪いのは確か。　でもそれ以外、なんか、違和感がある。
身体の感覚を、研《と》ぎ澄ます。
オシッコ、漏らしてた。
飲みすぎて、泥酔し……寝ながらオシッコ、漏らしてた。
でも……オムツ履いてるから、助かってた。
何という、偶然。
ナイスオムツ、ファインプレーだ。
痔が治っても、飲むときは、オムツ履こうかなぁ。
ナイスオムツ。
おやすみなさい。

野次る男

東大阪の、金物《かなもの》団地という工業地帯のお祭りで、漫才。
工場の中庭みたいな所にステージがあった。

お客さんの柄《がら》が悪くて、終わってた。
僕の地元やのに。
「俺は、こんな所で育ったんかぁ〜〜」生駒《いこま》山の上から、叫びたかった。
野次《やじ》が多かった。僕の地元やのに。

特に、二十代半ばの元ヤンであろう男が……ネタ中、何度も野次ってきた。

そいつは、最前列にいた。
舞台に右肘を乗せて、大林側から、左手で酒を飲みつつ、観ている。

大林からは、五メートルも離れていない。

かなり近いところからの野次。


しかも、大音量だった。

しかも、回数が多かった。

しかも、野次のタイミングが最悪だった。

「しかもビッグ3」だった。


野次に最高のタイミングなどないが、この男のそれは、最悪だった。

言葉や会話にセンスのある人間は……「ここ」っていう隙間で、ポンと、軽快に野次ってくる。

返すのにも、困らない。　あと、上手くいけばウケる。


しかし、この男の……

「この男」と表記するのも、もったいない。

ここからは「河内《かわち》センスえぐれ」と表記します。　余計に、長くなってしまった。

しかし、この「河内センスえぐれ」は、こちらが喋っている途中に野次ってくる。
しかも、僕らのマイクを通した声と大差のない、大きな声だ。
えぐれの言葉は……もう、コイツは「えぐれ」と、表記する。
あらゆることで平均を下回るという意味の「えぐれ」。
即席で付けたわりには、もう気に入っています。
えぐれの言葉は、お客さんに聞こえなくて良い。なのに、聞こえている。
こちらは困る。虫食いで漫才したのでは、ウケるものも、ウケない。
うるさすぎて、どうしようもなかったので、
「じゃあ、この人にやってもらいましょう」と、僕が言った。
僕は、それほど怒ってもいなかった。
慣れているのだ。もっと劣悪な環境でやったこともある。なので、冷静に、そうした。

どのみち、あんなに頻繁に意味のない野次を飛ばされても、ウケようがない。

仕方なかった。


スタンドに刺さっていたマイクを取って、えぐれの方へ。

「どうぞ、どうぞ、こっち来て、ギャグでも何でもやり！」

えぐれ、アタフタしだした。

本当にやる可能性もあるので、少し待った。

「やって、やって。　僕ら立ったまま、待っとくし」

えぐれ、アタフタ。

なぜか、そのえぐれのアタフタを、えぐれの友達が、動画で撮っている。

行ったたれ、行ったたれ、みたいな感じだったのかも知れない。


「うわぁ……」って、なった。　動画を撮る友達を見て、「うわぁ……」。

お分かり頂ける、だろうか。　この「うわぁ……」という、感じ。

「うわぁ……こっちも、えぐれてる……」て、感じ。

その友達も、えぐれていた。　見るからに、えぐれていた。　品の欠片《かけら》もない。

もし、品の欠片が、沢山空から降りかかってきても……新品のコウモリ傘ぐらい、弾くと思う。

当の本人の「本えぐれ」は、舞台上には来なかった。

そして、そこからは、一言も野次らなかった。

「あれ？　帰ったのかな？」　思う。元いた場所に、視線を送る。

いる。　黙ってる。

何秒かして、また思う。「あれ？　これはもう、帰ったな」

見る、いる。

逆に、違和感、大。　僕だったら、恥ずかしくて、すぐ帰る。

急に黙る方が恥ずかしい。　でも、いる。

何秒かして、また思う。「いるのかなぁ？」

でも、そんなに頻繁に見られない。
大林より、わざわざ前に顔を出してまで、グイッと見るわけにはいかない。
西森、めっちゃ、確認するやん！　と、なってしまう。
でも、いるはず。
終わるまで、気になって仕方なかった。

漫才が終わってすぐ、そのまま舞台上で、金物団地の人達から花束を贈呈された。
やったぁ！　確認できる。どうや？

いる。
いるのだ。
えぐれは……それぐらいでは、帰らない。
次からも、野次られたら、ああすることにしよう。
おやすみなさい。

手紙

『ウォーキング・デッド』を、毎晩見ている。
寝付きが悪い。
寝る前にソワソワする。

おやすみなさい。

追加。

この日記の内容を、田舎の母親へ宛てた手紙風にしてみよう。
してみよう、のコーナー。

では、開始。

お母さん、お元気ですか？　腰の具合は、どうですか？

最近、僕は、毎日のように『ウォーキング・デッド』という、ゾンビドラマを観ています。

お母さんの住む、徳島の山奥では、馴染みのないゾンビです。

死んだ人が生き返り、身体が腐り果てても、歩き、彷徨《さまよ》う、物語です。

毎晩、見すぎて、寝付きが悪いです。

太郎は元気ですか？

また勝手に、リードを噛み千切《ちぎ》って、逃げてないですか？

『ウォーキング・デッド』の世界で「噛み千切る」と言えば、それはもう……首です。

ゾンビは、基本的に、人間の首を狙ってきます。

太郎にも、早く会いたいです。

首輪をはめられ、両手を削ぎ落とされ、口を砕かれて、動き回れないようにされているゾンビを見て……太郎を、思い出しました。

太郎は逃げても、人を殺しませんが……ゾンビは違います。

こちらは、もう、大変です。

徳島の山奥で、穏やかに暮らすお母さんでは想像もできないような、地獄の世界です。

ドラマのロケ地が、実家のような田舎だから……今度、帰ったとき、ゾンビが出てくるんじゃないかと、想像してしまいそうです(笑)。

お母さんでは、全く想像できないような、無法地帯です。

「ちょっと作りすぎたんで、良かったらどうぞ」

そんなんは、ありません。

絶えず、奪い合いです。

結局……一番怖いのはゾンビよりも人間だ、と作者は言いたいようです。

シーズン8にもかけて、言いたいようです。

今年のスダチの出来は、どうですか？　また、送ってもらえると嬉しいです。

ゾンビの世界では、スダチなんて高級な物は食べられませんが、僕は現実に、生きています。

あの世界では、スダチを絞るぐらい、当たり前のように、ゾンビの頭を砕きます。

恐ろしい世界です。

では、お体には気を付けて、長生きしてください。

追伸……

もし……ゾンビがそちらで出たら、頭を砕き割ってください。

すぐに、死にます。

でも……まずは、逃げてください。

それでは。

おやすみなさい。

息子の口癖

二歳二ヶ月の息子の、口癖が増えた。
二歳二ヶ月の人間の平均は、まだ、それほど喋らない。単語がメインのはず。
しかし、うちの息子は、メチャクチャ喋る。
「今日な、あっくんな～、すーさんとな～、プールな～、行ったで～」
メチャクチャ喋る。
日常会話で、こちらが困ることは、ほとんどない。
マイケル・ジャクソンの普段の喋り方のように、ずっと裏声。
そして今日……新たに、口癖が増えた。
聞こえてきた。

落書き帳を前にして、ペンを持ち……「まずは～」言うてた。

「やかましいわ！」と、言いたかった。

言わなかったが、「やかましいわ！」言いたかった。

「何を偉そうに、まずは〜、言うとんねん！」言いたかった。

「今から、手の込んだ料理を作る、みたいに言うな！」言いたかった。


このペースでいけば、三歳になりたてぐらいで、ボケ・ツッコミの概念を理解し、こなせるようになるはず。

楽しみだ。


三歳が言うてきたら、突っ込まざるを得ないこと。

《突っ込まざるを得ないシリーズ》

「なんや、寝られへんのか？」

ほっといてくれ、勝手に寝るから。逆に三歳が、何時まで起きとんねん！

突っ込まざるを得ない。

「そういうことやから、今度会ったら、お礼言うといてや」

いつからその制度、知ってんねん！

「これ食べたら、他のとこで、ウニ食われへんなぁ」

やかましいわ！　偉そうにグルメぶるな！

「アカンわ、これ、生乾《なまがわ》きや」

洗濯もでけへん奴が、何言うとんねん！

「ほな、六時までには戻るわ。最悪、七時前には……」

おい待て〜、どこ行くねん、勝手に出歩くな〜。

おやすみなさい。

日記朗読ライブのお客さん

毎月やっている日記朗読ライブだった。

今日は、これだけ。


会場が夜十時までしか使えないのに、九時五十五分ぐらいまでやった。

あらかじめ、「ギリギリまでやるので、終わったらマジでダッシュで帰ってください、お願いします」と伝えていた。

終わったとたん、本当に皆、ダッシュで帰って行った。

最後の礼をして頭を上げたら、後ろの三分の一……もう、いなかった。


その後、「また来てくださいね」的なことを言おうとしたが、その数秒で、半分いなかった。

「おい待ってくれ、さすがに、それはないで」と、言いそうになった。

でも、良いお客さんだ。おもしろかった。
おやすみなさい。

アホな高校生男子

喫茶店で、ネタを書いていた。

店の中でアホ高校生男子三人組が、バカ騒ぎ。主婦群かと思うぐらい、話が途切れない。ヤンキー丸出しの出《い》で立ちで、会話が女子高生。

推定偏差値34。

ユーチューブをマックスの音量で流したり、我慢できずに歌い出したりと、やりたい放題。マジで、殺してやろうかと思った。

アホ男子の一人が、もう一人の携帯を落とした。三人の会話の流れから、半分、わざとしたように感じられた。

持ち主のアホ男子が拾い上げると、液晶が割れていた。

そこからはお察しの通り、揉めに揉めだした。

「ホンマ、マジ何やってんねん、お前」

『ちゃうねん、ちゃうねん』

「ホンマ、マジ何やってんねん、お前」

『ちゃうねん、ちゃうねん』

アメリカンコーヒーをまだもっと薄めたぐらいの、薄い薄い、同じ会話の繰り返し。

二十分ほど、続いた。

そして、少しずつ静かになった。ざまあ見ろと思った。

すると何やら「シュンシュン」聞こえてきた。

音の出所を探す。どこかで「シュンシュン」。出所を発見。


落とされた方のアホ男子が、泣いていた。


「うそやろ」思った。

「え？　泣く部類のことちゃうし」

「思いっ切り笑いたい」

「高校生が、液晶割れて泣く？」

「ヤンキーじゃないのか？」

「三人中、二人金髪やのに」

「泣く？」

「ただ、底抜けにアホなんか?」

理解に苦しんだ。

僕がこのアホ男子たちに加わり、四人で旅行に行ったら、たぶんやけど、半分わざとで背中押されて、僕、崖から落ちて死ぬんやろうなぁ……。

おやすみなさい。

ベランダ

今日も夜中……ベランダで、タバコを吸う。　ウンコ座りで、タバコを吸う。
足下を、何かが、動いた。
自分の中指ぐらいの大きさの……ムカデ、だった。
つま先から二十センチ先を、横切った。　手で掴もうと思えば、届く距離。
怖すぎて、全く声が出なかった。
今、自分の肺にある酸素を……まだ、もう一つ奥へ押しこむような、感覚。
漫画で描くなら、キャラの横に、デカく……片仮名で「ウグッ」。
ひと粒が、パチンコ玉ぐらいの、鳥肌が立ちそうだ。
戦慄《せんりつ》が走る……とは、このことだ。　メッチャ、走った。

もう走る走る。　あの、普段ぐうたらな、戦慄が。
ムカデは、気持ち悪い上に、毒を持っていて、刺してくる。
最低で、最強の、節足動物だ。
そこから何本かタバコを吸ったが、ムカデが気になって、それどころではない。
逆、リラックス。
家に入ってきたら、どうしよう、と……そればかり、思ってしまう。
要らない想像しか、できなくなる。
クローゼットの服に貼り付いていたら、どうしよう。
想像する。　気持ち悪い。
買い置きのオムツの中から出てきたら、どうしよう。
最悪だ。
リビングでテレビを見ている息子の、背中に貼り付いていたら、どうしよう。

すぐに助けられるか、心配だ。

「お休み～」と言うヨメの口から、ニュルッと出てきたら、どうしよう。
ニュルッと、出てきて……ヨメ、ニヤッと、笑ってきたら、どうしよう。
その場合……ヨメは、ムカデに乗っ取られている。
一緒に寝る、子供の命が危ない。
殺されなくても、子供たちもムカデに乗っ取られてしまう。
110番しても……警察に信じてもらえず、イタズラと思われてしまう。
相手にしてもらえない。　誰も助けてくれない。

家族が、危ない。

ヨメの口から「ニュルニュル」見え隠れする、ムカデを……ペンチで挟み、引っ張り出すしかない。
熟睡するヨメにそっと近づき、様子を窺う。

心の準備ができていないのに、すぐに尻尾が、出てきた。
思い切って、ペンチで挟み、ゆっくり引っ張る。
千切れないように、そっと、そっと、引っ張る。
えっ、えっ……引っ張れど、引っ張れど……頭まで……出切らない。
もう軽く、二メートルは超えた。

自覚があるのに、ひっ、ひっ……としか、呼吸ができない。

もう、挟んだまま、部屋の端まで来てしまった。
五メートルはある。まだ……出切らない。

意識がないはずのヨメが、目を瞑《つぶ》ったまま、立ち上がってきた。なんで？　なんで？

「誰だ、お前は……」はぁ、怖い……ヨメから、男の声。

「この身体は、私のものだ……」はぁ、怖い、怖い。

五メートルを超えて、やっと、頭まで出た。
しかし、その頭の先が、他の身体を求め……右往左往《うおうさおう》している。

ムスメの、口元へ行った。

どうにでもなれっ、と……僕は、ムカデの頭を、左手で掴んだ。
そして、そのまま両手に、長い長いムカデを持ったまま、近くの公園へダッシュ。

「うわ〜〜」……と、叫びながら、高速の地団駄で、踏みまくる。
ムカデからは、緑色の体液が飛び散る。

そして、ムカデが死に絶える直前……公園の外から、おじさんの声で……
「どうした」……
人気《ひとけ》を探るが、誰もいない。
すると、もう一度……「どうした」……

「どうした、それで終わりかっ……!」

声は、僕の、左手から、だった。

おお、怖《こわ》～～。

超大作が、できた。

おやすみなさい。

急な切り返し

ムスメの参観日に出た。
ムスメはバス登園なので、後から車で、ヨメと息子と三人で向かった。
幼稚園から三、四百メートル離れたところに車を停め、そこからは徒歩。
息子は、歩き出してすぐに、「抱っこ抱っこ」と、せがんでくる。
確かに、二歳の息子の歩幅では、どこに行くのも遠距離になる。
仕方なく、抱き上げる。
顔と顔の間の距離、五センチ。
そこで僕が、諭《さと》す。
『ちゃんと歩かな、アカンやん。すぐ、抱っこ抱っこ、言わんと、歩き！』
「……」

息子、無言。何も返してこない。距離五センチで、無視してきた。

激しく「抱っこ抱っこ」と要求してきたときとは、打って変わり……アンドロイドのような目をして、明後日の方を見ている。

道路の向かい側で、ビルが解体されていた。

巨大なニッパーで、ビルを砕き割っている。

『うわ～、見てみ、あれ。デカいハサミで、壊してるで～、すごいなぁ？』

「うわ～、大きいなぁ～パパ～」

これには息子、大興奮。

『大きいなぁ、あのハサミで、ビル壊すねんで～』

「大きいなぁ～パパ、すごいなぁ～」

僕は、流れで、付け足す。

『でも、ちゃんと、歩かなアカンやん。もう、自分で歩きっ！』

するとと息子、目線をゆっくりと僕から外し……得意なのであろうアンドロイドを、かましてきた。

距離三センチで無視。首の動かし方、扇風機。

「直接、話しかけないでもらえますか？　プログラムをキーボードに、打ってもらえます？　僕、旧型のＡＩ、積んでるんで……」

といった感じだ。


また、わざと、話を戻す。

『大きいハサミやなぁ、すごいなぁ』

「すごいなぁ〜パパ、大きいなぁ〜〜」

無視した後に、よくこれだけハキハキと喋れるな、と驚かされる。

『ほんで、自分で歩きや！　はいっ、歩き！』

すると、また、アンドロイド。

ギヤ音が聞こえてきてもおかしくないほど、アンドロイド。

正気とは思えない。　急な切り返しにも、ほどがある。

居酒屋で、上司が、部下を叱る。
叱りながら、「どて焼きが美味しい」とも言う。
「今日の、あのミスはなんや！　気を付けろよ」と、
「ここのどて焼きは、やっぱり美味しいなぁ」を、繰り返すとする。
部下は、どて焼きの話にしか、返事をしない。

正気とは思えない。　大人で考えると、際立つ。
交互に話す上司も、正気ではない。　大人でやると、際立つ。

僕は息子に、この一連を、五回ほど繰り返した。

五回目のアンドロイドには、大笑いした。　逆に、センスを感じる。
何のアレンジもなく、繰り返す息子を見ていると……笑けてきて、仕方がない。
何も、足さないし……何も、引かない。　ウイスキーの、売り文句。

「何も足さない、何も引かない」

ヨメにも、この一連を見てもらう。

『な？　すごくない？　これ！』と、逆上《さかあ》がりができるようになった息子を見せている感覚になった。

にしても、子供の我《が》は強い。

おやすみなさい。

VTRで観たら

M-1の三回戦だった。
後に、自分たちの三回戦の動画を、ネット配信で観てみた。
はい、出た……いつものやつ。
病名「VTRで観たら、思てるよりスピード遅い症候群」。
いつもそう。自分の漫才を客観的に見ると、スピードが遅い。
もう少し速い方が良い。体感との誤差がある。

初心者のゴルフスイングを動画で録ったときと同じ。
スイングも、たいがい体感との誤差がある。
よく、打ちっ放しでも、動画を撮り合っている人たちがいる。
会話の内容は皆、似たり寄ったり。

「ほら見てみいや。お前、こんなスイングやで」

『何ですか、これ……僕こんな振り方、してないんですけど』

「いや、お前やし」

『カメラの角度かな？』

「いや関係ないし……プロはどっから撮っても格好ええし」

『振り急ぎかなぁ？』

「そんな問題ちゃうし……誰が見ても変なスイングやし。雑誌の知識で『振り急ぎ』とか、そういう言葉だけ知ってるのキショイし」

『もっかい、撮ってもらえませんか？』

「無駄やし。でも暇やから、撮るし」
（ビュン）
『今の、どうですか？　今のは良かったでしょう？』

「ほら、さっきと一緒やし」

『でも、さっきよりは、ほんのちょっと、ましじゃないですか？』

「一緒やし。というか、これ一回目の動画やし」

『何なんすかっ！　二回目の、見せてくださいよ～』

「同じ動画見て、『でも、さっきよりは、ほんのちょっと、ましじゃないですか？』めでたしめでたし。希望的観測、強し」

『二回目、見せてくださいよ～。ああ～、これですか？　ほらやっぱり、ちょっと、ましじゃないですか！』

「それ、一回目やし」

『いや、もう、二回目、見せてくださいよ～』

「二回目、撮ってへんし」

『撮ってへんのかい』

「タメ口やし」

『すいません』

「お前のスイングに1ビットも使いたくないし」

『じゃあ先輩の、撮りましょう。体感と違うと思いますよ』

「自分のスイング動画、もうあるし」

『ホンマや……うわ～、自分のスイングの動画しかない』

「ふふふふふ」

『怖《こわ》』

皆、こんな感じ。
おやすみなさい。

どうするよ?

痔の手術して、オムツ履いてるよ。

でも、オムツを、買い足しておくのを、忘れたよ。

朝、気付いたよ。　もう、時間ないよ。

あと、十五分で出発しないといけないよ。　買いに行く時間ないよ。

直接、パンツを履くと……ウンコ汁がパンツに沢山付いて、ズボンにまでニオイが付いてしまうよ。

ずっと屁をこき続けている人みたいに、臭《にお》うよ。

キン肉マンだよ。

オープニングのときの、やつだよ。

今日は、なぜか、学園祭だけの為に、東京へ行くよ。

どうするよ？　西森、どうするよ？

大阪から臭《くさ》い奴が来たっ、てなるよ。

考えたよ。

息子のオムツは、両サイドが千切れるように、なっているよ。
それを千切り、平らにして、尿とりパッドみたいに、パンツの上に敷いたよ。

千切って、平らにした瞬間に、気付いていたよ。
完璧だったよ。
何なら、やらずとも、閃いた瞬間、確信していたよ。
絶対にいけるって！　その通り、完璧だったよ。

予備の息子のオムツも、カバンに入れたよ。

大成功したよ。
息子のオムツは、しこたま、買い込んでいるよ。
アラブの石油のごとく、押入れから湧き出ているよ。
家にある、沢山のオムツ見て、宝庫や！　と、思ったよ。
ただのオムツ見て、宝庫やと、思ったよ。
「減りが早い」と、ヨメに気付かれそうよ。
おやすみなさい。

ゴリラ

夜、動物が出てくる番組を、家族で観ていた。
五歳なりたてのムスメが、「パパ〜、ゴリラに似てる〜〜」
僕を含め、家族四人、大爆笑。
平和。

そして、翌日の今日。家族で、夕食を食べていた。
歩き回り、ご飯を食べない二人の子供を叱った。
すると……
「ゴリラ、うるさい」ムスメが、呟いた。
五歳の、いじり方ではない。怖い。

その後も、しつこく『ご飯を食べなさい』と、叱った。
すると、またしても、同じオカズを食べる僕に対し……
「ゴリラうるさい……ゴリラは、草を食べるんじゃないの？」
もう、応用を効かせた、いじり方。　怖すぎる。
そして何より、嫌な、いじり方だ。
なかったことにして、再度、叱る。
するとムスメは、目の前にいる僕をスルーして、横に座る弟に対し……
「この、ゴリラ、うるさいよなぁ？」
また、応用の、いじり方。
一瞬、グレた金髪女子高生に見える。　そして何より、嫌な、いじり方。
これがエスカレートしていって、イジメに繋がると判断した。
教育の為にも、すぐさま言い返した。

『ウロウロせんと、食べなさい、ゴリラ』

ムスメは、頭上にデカイはてなマークを出していたが、すぐに反論。

「ゴリラちゃう〜〜」

『ゴリラやんか。食べなさい、ゴリラ』

「パパが、ゴリラやんか〜〜」

『食べなさい、ゴリラ』

「ゴリラは、パパやで〜〜」

そこからは、五歳なりたてのムスメと……ゴリラの擦《なす》り付け合い。

数分、続いた。

親の、意味不明な返しに困惑したムスメは……黙って、食べ出した。

なんとか、勝った。危なかった。

本当に、ムスメが女子高生で、あれをされたら、こっちが泣いていたかも知れない。

危なかった。　女は怖い。
おやすみなさい。

孤独のグルメ

兵庫県の山奥の、お祭りで漫才。終わって、十八時、一人で飯。

ヨメが、知り合い家族の家で、子供らを連れ、ご飯らしいので、急遽一人飯。

ドラマ『孤独のグルメ』を、最近よく観ている。

オッサンが飯を食うだけのドラマ。これが、たまらなく面白い。

発明だと思う。なぜ面白いのか、分析したくもない。

その『孤独のグルメ』のせいか、一人で行くのが、好きになりつつある。

家から、百メートルぐらいの所にある、うどんと、おでんの店へ行った。

「俺は今……何腹なんだ?」

孤独のグルメの主人公「井之頭五郎」さながら、自問自答した。

うどんを出すなら、おでんも美味いだろう……そう思いながら、扉を開ける。

カウンターに座るか？

でも、入った時間が早いせいで、切り盛りする老夫婦と、完全に三人になってしまうなぁ。

さすがに気まずい。カウンターと調理場の距離が近い。

奥に、テーブルがあるのか。テーブルにしよう。

テーブル席に座ったせいで、おでんは何があるのか、分からないなぁ。

聞いてみよう。

こういう店では、雰囲気に合わせて、瓶ビールだ。

こういう店と、中華、特に厨房の汚い中華では、瓶ビールに限る。

おでん以外にも、いろいろあるなぁ。ありがたい。

まずは、白菜キムチと、とん平と、おでんの大根、厚揚げ、コンニャクだ。
スターティングメンバーとしては、最高だろう。

おでんの良いところは、すぐに出てくるところだ。
もう来た。

読んでいなかった面白い漫画を、一気に何巻も、読んでいる感覚になる。

うん……美味い！
出汁《だし》の店だから、おでんは間違いない。美味い！

大根なんて、バーナーで炙《あぶ》ったみたいに、狐色だ。
この少ない体積に、一リットルは出汁がしみてそうだ。
うん、間違いない。美味い。

キムチも、美味い。

キムチを自分で漬けている店は少ない。だからこそ、チョイスにセンスが出る。
薄味と思いきや、ほんのり甘味があって、後から辛《から》い。
これぞ、キムチだ。キムチ風漬物も悪くはないが、やはり、こちらの方が良い。

とん平が来た。デカイ。
お母さんが作ったような、温かみのある、とん平だ。
マヨネーズを丸々一本、テーブルに置いていった。
これこれ……。
結局、客って奴は、好きにさせてほしいのだ。
初めからソースの類いが塗られているより、自分で好きな量を、かけたいのだ。
家で食べるときよりも、大胆にマヨネーズをかけてしまった。
うん。でも、美味い。

大正解だ。

おでんのスジと、卵で、フィニッシュとしよう。

うん、間違いない。出汁が美味いから、下手のうちようがない。
この出汁だけ、出前すれば良いのに。

ご馳走様でした。

また、来よう。

おやすみなさい。

カスタマーレビュー

アマゾンで商品を評価しているカスタマーレビューを、スマートフォンで見ていた。その商品を買った人が、星を付けて、コメントを書いている。

読んでみた。

星は5つ。文面。

「サベージ5·9を購入しましたが、K5·9エンジンがなかなか掛からず、円形脱毛症と鬱《うつ》病を発症してしまいました。その後、このエンジンを購入し、エンジンの掛かりやすさに驚愕しております。30VGのおかげで病状も良くなりました。最近では、エンジンの掛からないことは皆無と言っても良いぐらいです」

大変だったみたいだ。

円形脱毛症と鬱病とは、大ダメージだ。

この人が病気になった、原因のエンジン。そして新たに買い直して、べた褒めしている、この30ＶＧというエンジン。

これらはどちらも、「ラジコンカー用」である。

悩みすぎ……おもちゃが原因で、酷い病気になりすぎ。

普段、他でスムーズな生活、送りすぎ。

円形脱毛症の原因を人に説明するとき、恥ずかしすぎ。

川に投げ捨ててやれば良かったのだ。


これで病気になるとしたら、何が原因でもなる。

僕の契約しているポケットＷｉ‐Ｆｉを、もしこの人が持っていたら、どえらいことになると思う。

その僕のＷｉ‐Ｆｉは自宅で使えない。電波が入らないのだ。毎月お金を払い、電波を買っているのに、入らない。

手裏剣みたいにペラペラで、はじめは……

「こんなもので本当に機能するのか？」と疑っていたら、本当にダメだった。

本当にダメでは、ダメだ。

「へ〜、こんなんで、いけるんや〜。すごい時代になったもんやなあ」

と言おうとスタンバイしていたのに、「ホンマにあかんのかい！」と言わされた。

自分の部屋の窓際に一ヶ所だけ、ごくごく弱く一本だけアンテナが立つところがあった。

しかし、そこは地上から二メートル地点。

腹立つから、ガラス窓にガムテープで貼ってやった。それでも調子の悪い日は圏外だ。


このカスタマーレビューを書いた人が、僕のＷｉ－Ｆｉを持っていたら、二、三日で髪の毛が真っ白になると思う。


「どうしたんや、お前？　髪の毛、真っ白やないか！」

『実は、Ｗｉ－Ｆｉの電波が入らないんです』

「どういうこと？」

『毎月お金払ってるＷｉ－Ｆｉの電波が芳しくなくて、嫌やなぁって思ってたら、二、三日でこの通りです』

「逆に、どうやったら、そこまで思い詰めれんねん？」

『しかも僕ね……胃ガンなんですわ』

「え～」

と、なると思う。

おやすみなさい。

ビンゴ

大学の学園祭だった。

漫才をして、その後、少しだけビンゴゲームの司会。二百人ほどの人たちが参加していた。

一番高価な商品は、ディズニーランドのチケット。その他も三十点余りの商品の数々。

初めから盛り上がった。ビンゴにはドラマがある。

十回目の、くじを引いたぐらいで、小五ぐらいの男の子が「ビンゴ～！」と叫び、飛び跳ねた。

「出ました。最初のビンゴです」と舞台上に上げようとした……すると……

実行委員が舞台横のテントにその男の子を手招きする。

僕らも状況が把握できないまま、見守った。

男の子は、テントの中へと消えて行った。

そして……うまい棒一本だけ握り締めて、すぐに出てきた。

その子は、顔面蒼白で、元いた場所に座った。

テントの中でも、くじを引かされ、それにも当たらないと正規のくじが引けないルールだった。

それが外れたらしい。

さっき、あんなに飛び跳ねてた子が、うまい棒一本だけ握り締めて顔面蒼白。


厳しすぎる。


ビンゴの後、また、くじを引かすシステム。厳しすぎる。

その後も何人かが「ビンゴ〜！」と威勢良く立ち上がったが、舞台上へ上がってくることのできる猛者《もさ》は、なかなか現れなかった。

ジャージの上下を着た、そこの学生の男子が、テントでも勝ち上がり、ようやく舞台上へやってきた。

賞品のくじを引く。　番号読み上げる。　賞品もらう。

手には「ポン菓子」。

外れが「うまい棒」なのに、当たりの中に、ポン菓子。

史上最高に厳しいビンゴだった。

「ビンゴ～！」から来る、ガッツポーズの数に対しての賞品の数。

商品三十点に対し、ガッツポーズ「百回以上」。

厳しかった。

おやすみなさい。

ぞうさん

お昼すぎ、リビングで息子が、スナック菓子を食べていた。
すぐに出かけるらしく、ヨメに急《せ》かされていた。

ヨメの、いつもの号令。
「オムツだけ、替えて行こかぁ〜」

オムツだけ取り替えて、すぐに外出するという、何百回と見た光景。
タイヤだけ替えて再出発する、F-1マシン。
息子は、Tシャツだけ着ていて、下は何も履いていない。
フルチン姿のくせに……息子はなかなか、お菓子への手を止めない。
「もう、お菓子は、いいから!」と、何度もヨメが急かす。
すると息子、オムツをスタンバイしているヨメに対し、フルチンの出で立ちのまま
……

「これだけ、先、食べてまうわ」

フルチンで、何言うとんねん……二歳に対してだけど、思った。

自らトイレで用を足されへん奴が、何を言うとんねん……思った。

「これだけ、先、片付けとくわ」

仕事場で、よく聞くセリフ。

でも、みんな服を着ていて、フルチンではない。

フルチン史上、最も偉そうな言葉。

それは、息子の……

「これだけ、先、食べてまうわ」

その後、すぐのこと。

二歳半の息子が、ワイドショーを賑わす力士を見て、「これ、お仕事～？」聞いてきた。

『そうやで、お相撲さんやで』

「お相撲が、お仕事～？」

『そう、この人は、お相撲がお仕事やで』


「パパは、ぞうさんに会うの？」

何が？　とは、思ったが……これは、子供の日常茶飯事。

急に、何の脈絡もない話をする。

「ペンギンさんは？」

『パパ、ペンギンさんには会わへんけど、なんで？』

「ぞうさんに会うの？」

『いや、会わへんけど、なんで？』


無理問答を繰り返していると、横からヨメが言ってきた。

「仕事がゴリラやと、思ってるんちゃう？」


マジでか？

僕がゴリラで……仕事場が動物園だと、本気で思っていたらしい。

まだ、あの、「ゴリラ呼ばわり」されるノリは、続いていた。

おやすみなさい。

盗み聞き

祇園花月、行きしなの京阪電車内。

二十歳ソコソコの女の子三人組が……席を向かい合わせにして、話していた。

西森……それ、盗み聞きした。

盗み聞くつもりはなかったが……声が大きかったので、聞こえてきた。


「0・000何ミリとかいう、コンドームがあんねんて」

「へぇ〜〜」

「なんか、根元の輪っかの部分だけあって、見た目には、いかにも付けてますよ、って感じのヤツ」

「何それ〜」

「0・000何ミリとか言うて、実は何も付けてないヤツ」

「というか、そんなに違うのかなぁ?」

「そこまでして、生《なま》でやりたい？　ほんま、男ってやつは」
聞こえてきた。
若いムスメたちが、デカイ声でコンドームの話をしている。
不自然。
伝えたい。
横に……西森……おるよ……伝えたい。
女だけでカラオケボックスで喋っているのでは、ないのだよ。
横に……毎日……日記書く……西森……おるよ。
一拍おいて、先頭切って話していた女の子が、また、口を開いた。
「どう、やってんの？」
さすがに、それはもう、と止めそうになったが……よく聞くと、まつげエクステの話だった。

セックスの話をするのかと思った。

一瞬こちらが、考えごとをしている間に……まつげエクステの話に変わっていた。

ビックリした……けど……西森……ワクワク……してた……とても……残念。

途中、「上」がどうとか、「下」がどうとか、言っていたので……「やっぱりセックスの話かも！」と思ったが、まつ毛の上と下だった。

……西森……がっかり。

おやすみなさい。

目の悪い原始人

今日も朝ご飯は食べなかった。いつも食べない。朝九時に起きたとしても、だいたい、十三時以降に食べる。晩ご飯は沢山食べる。

超勝手な自論がある。

『身体的には原始人に近い生活をすべき説』だ。

原始時代だと、寝床を襲われる可能性が高い。だから夜は食べた方がいい。

朝食が勝手に出てくることはないので、食べなくていい。

風呂に毎日入るのも、本当はダメ。毎日入らないと疲れが取れない体に、なってしまうから。

元々住んでいた地方の食べ物を、できるだけ食べる。日本人は肉より魚。

僕は、肉を食べすぎると下痢になる。たぶん、体に合っていない。遺伝子レベルで合っていないのだ。

できれば硬いものも毎日食べる。そして常に裸足。毛深い人の方がいい。

目も良くないとダメ。

眼鏡の歴史なんてせいぜい五、六百年ぐらいのもの。原始時代なら、視力が低いのは、まさに致命傷。

時代をさかのぼれば、さかのぼるほど、視力の低い人の子孫繁栄率は低いはず。

だから、もう一つ、超勝手な自論が成り立つ。

『目の悪い人、バカにしていい説』

「ちょっと目悪いから、見えへんわぁ〜」

ほんの五、六百年前なら、かなりやばいこと。

もっと前の原始時代なら、なおやばい。すぐに大ピンチが来る。

《死んでいった、目の悪い原始人たち》

・木の実を取ろうと、木から木へと飛び移る。
目が悪いので、よく見えない。
鉛筆ほどの細い枝に飛び移ってしまい、枝が折れて、ア〜〜〜〜

・猫、近づいて来てるのかなと思ったら、実は虎で、ア〜〜〜〜

・夜に目が覚めて小便に行く。原始人だが、一応、寝てるその場ではしない。
マナーのはじまり。
十メートルほど離れた岩場の裏手でしようと思うが……
夜で、しかも目が悪いので、ストレートに谷底へ、ア〜〜〜〜

・夜、魚を食べているつもり。
でも目が悪いので、よく見えていない。
食べているのは実は肉。

普段ほとんど肉を食べないので、お腹をこわす。原始人だが、一応、その場でウンコはしない。マナーの起源。マナーのはじまり。

大の方だから、二十メートルほど離れた、茂みの中で用を足す。

かわいい猫が草のすきまから顔出してきてると思ったら、実は虎で、ア～～～～

・猪《いのしし》を狩ろうと槍を投げる。
しかし目が悪いので、尖っていない方を前にして投げてしまう。

仕留めたと思い、猛ダッシュで猪のほうに駆け寄る。

擦《かす》り傷しか負っていない猪が、こちらへ猛突進してきて正面衝突、ア～～～～

・なんでか分からんけど、四つん這《ば》いで友達が近づいて来ると思ったら、実は虎で、ア～～～～

・虎を槍で仕留めたと思ったら、毛深いだけの友達で、その友達、ア～～～～

・今日は熱中して日記を書きすぎた。気がついたら朝の四時で、ア〜〜〜〜
おやすみなさい。

信号無視

ＮＧＫへ向かう道中、自転車で信号無視をして、捕まった。

パトカーからサイレンが聞こえたが、他人事で余裕をかましていると、中から若い警官が出てきて止められた。

「今ぐらいで、捕まえるんか〜〜」と、五分ほど、わめき散らしたが、ダメだった。

漫才のときより、大きい声で、わめいた。

若い警官の目は、みるみる吊り上がった。

罰金はなく、そのかわり「新大阪近くの警察関連施設へ出頭願います」とのこと。

「マジで言うてるのかっ」と尋ねる僕を、キツネ顔の若い警官は無視。

そこまで、暇じゃない……いや暇なときもある。しかし、いくら暇でも、行きたくない。

後々何の役にも立たないテニスの素振りを、半日続けている方が、いくらか、ましだ。

法律がこんな感じになっているとは、知らなんだ。

「最近、厳しくなったんですよ」とキツネが言った。

大きな声で「知らんがな〜〜！」と言っておいた。

「不本意ながら」の空気を出されても、どうしようもない。法律が変わった次の日からでも堂々としておくべきだ。なぜなら、それにしか従ってないから。

そして僕は、また、大きな声で、

「俺が捕まるほんの少し前に、信号無視してる奴おったけど、あれはええんか〜〜」と、ごねてみた。

捕まった人間の常套《じょうとう》手段だ。『ご自由におとり下さい』とされている台詞だ。

キツネに無視された。

普通なら、一方的にわめく人の方が多いと思うが、一応僕は、喋る商売をしている。だから、冷静に、でも大きな声で「質問に答えろ〜〜」と、言っておいた。遠目で見たら、警官側が言っていると、誰も疑わないだろう。

またキツネに無視された。

一応、もう一度、「聞いてるやろ〜〜」と叫んでおいた。

無視された。

全部で四回聞いた。キツネの顔は明らかに引きつっている。

でも、この問いの返しは、用意しておくべきだ。

遅れて、おじさんの警官も来た。

「お急ぎのところ、すいません」と、謝ってきたので、活舌《かつぜつ》良く「分かってたら、捕まえんな〜〜！」と、叫んでおいた。

おじさん警官は「ほんと、すいませんねえ……急いではったんかな」と余裕。

長年の経験から「まともに掛けあっても仕方ない」というスタンス。何を言っても肩透かしだった。

相当な、手練《てだ》れだ。

『クレーム合気道師範』という、名前をさしあげた。

『クレーム空手白帯』の僕は、戦意喪失。


いろいろを終え、その後、ＮＧＫに着くまでに信号無視している奴を数えた。十分間で、十一人いた。当然、僕が走っていたルートだけの話。

「じゃあいったい、何分の一で捕まったんや」と落胆した。

町なかで、自転車で捕まってる奴、見たことないし……。
おやすみなさい。

景品ゲット

今日は休み。

お昼前、五歳ムスメと二人で、イオンのゲームセンターへ。

メダルゲームではなく、現金で遊ぶものを、やらされた。


あの、よくある、スライドする鉄の板にメダルを落として、落ちてきた、そのメダル自体で、手前のメダルを押し出して獲得するゲーム。

それの、景品バージョンだ。景品自体で景品を落とすのだ。

その機械の景品は、子供用の化粧品だ。


五回目の挑戦で、ピンクの「色付きリップ」が取れた。しかも、二本。


ムスメは異常に喜んでいた。まさに異常だった。

「やった〜、やった〜〜」と叫び散らし……喜びのステップを踏み出した。

人間は本来、嬉しいと、ステップを踏むのだ。
感情むき出しのステップ。『フットルース』のケビン・ベーコン上等のステップ。
『ラ・ラ・ランド』顔負けステップ。歌い出す寸前だった。
たまたま歌わなかっただけで、歌い出す寸前。

喜んでくれて良かった、と思う片隅で……少しだけ、引きもした。
普通に購入した玩具で、これほど喜んだことは、一度もない。
なぜ、そこまで喜んだか……
それは勝ち取ったからだ。
取れるか取れないかの瀬戸際で、ギリギリ取れたからだ。

「やった〜〜、取れた〜〜、パパ、取れたで〜〜」
僕が、取ったのだ。だから、その情報は既に持っている。

しかし、僕の真顔の反応などは、目にも留めず……
ダイレクトボレーを決めた後の、ストライカーが乗り移っている。

隣のフードコートへ走って行って、
Ｔシャツの胸の辺りを、千切れるほど引っ張って、「ウオ～～」と、叫ぶ寸前。

その後に、メダルゲームもする予定だったが、無くなった。

「それ、家に帰って、すぐ使おうや！」と、僕がほのめかし、すんなり帰ることに。

僕のファインプレー。


帰る前に、食材を買う為、一階へ移動した。

「取れたなぁ～！　取れたなぁ～！」

エレベーターまでの数十メートルでも、喜びのステップは、止まらない。


部活の基礎練習ぐらい、ストップ・アンド・ゴーを繰り返す。

「危ないで」と注意しても聞かない。

エレベーターまでの道のりで、喜びのステップを踏みすぎて……


ムスメは激しくコケた。

コンクリートの地面に、膝を強く、強く、打ちつけた。

低い「ゴーン」と、手の平を叩き付けた「ペーン」が、混ざりあって響いた。

どう見積もっても、痛すぎる。大人でも、泣きそうな、強打。

喜びの舞いから、地獄の試練へ、急降下。

倒れたまま、泣き叫んでいるところを抱き上げ、「痛いの痛いの飛んで行け〜」の、スタンバイをする。


しかし、なかなか泣き出さない。覗き込むと……

嬉しさと、痛さが、相殺して、トータルで無の顔になっていた。

一瞬、笑いそうになった。

ちょうど、打ち消したのか？　そう思うと、笑いそうになった。

笑う訳にはいかない、人の痛みが分からない人間に、育ってしまう。


しかし、数秒の間、無をした後……そこからは、喜びと、激痛の、せめぎ合いが始まった。
顔が、歪む歪む。
針で突いたら大爆発するパンパンの風船だ。
僕が「大丈夫かぁ?」と、抱き上げれば、大爆発し、心を解放して、泣き叫ぶだろう。
なので、様子をみる。
覗き込んだ顔面は、天使と悪魔、両方に、一斉に乗り移られようと、している奴。
「弱小見習いエクソシスト」。
でも、なんとか天使が勝った。　良かった。
すぐに、喜びのステップ再開。　平和。
おやすみなさい。

ステーキ200グラム

夜……家で、ニュースを見ていた。
最近はステーキが人気らしい。
一年ほど前、昼ご飯を食べに、一人でステーキ店へ行ったときのことを思い出した。
店へ入り、メニュー見て、お姉さんに注文した。
グラムあたりの値段を書いていたので、何グラムでも出してもらえると思い、
「この肉を、150グラムでお願いします」言うた。
すると、ホールのお姉さんは、「この肉は、200グラムからです」。
すぐに、ツッコミが浮かんだ。
「じゃあ、グラム売りにするなよ」

僕……すぐ……浮かんだ。

「え？　グラム売り、できるんじゃないんですか？」

聞いた。

「この肉は、２００グラムからです」

お姉さん……機械のように繰り返し、目覚まし時計状態。

仕方なく、２００グラム頼んだ。

「２００グラムですね」と、お姉さん。

「ですね」は間違い。

「スイマセン、では、２００グラムで」が正解。

「ですね」は、おかしい。言わせておいて、「ですね」。いや、それはあんたが……ってなる。

仕方なしの２００グラムだ。

この時点で、「もう二度と来ないかも」と思いかけている。

お姉さん、追い討ちをかけてくる。

「あちら、見えますかね？　あちらの小さなブースの中で、お肉、切らせて頂きますんで、あちらで注文してください」

「お前が、行け〜！」叫びたかった。

こっちの注文内容を全て、知ってるんやから、お前が行け〜〜。

叫ばずとも、言えば良かった。


店の壁に、大きく筆で「二度手間」と書いてやりたい。

仕方なく、席を立つ。


この時点で、「もう二度と来ないだろうなぁ、たぶん……」ぐらいになっている。

ステーキだから、塊の肉を一枚物のペライチにする。いわゆるステーキの形に、切る。

僕が頼むと、中にいた、三十代前半であろう男性は、「は〜い」言うて……

意気揚々と、得意気《とくいげ》に、長ーい包丁で肉を切った。

その肉を計りに載せると、320グラムあった。

できへんのかい！　シロートかい！　初日かい！　２００だと言っている。
得意気にして、１２０グラムも誤差が出ていた。
誤差１グラムぐらいにできる感じは、何だったのか？
それなら初めから、
「え？　無理かも、え？　無理かも〜〜」言いながら、切らないと。

大失敗し、でかく切りすぎた肉を、再度切る。

余った小さい方の肉は、当然、ステーキとしては使えない。
その、小さい方の肉を……なんか、ほんま、なんか、ペーンて、してた。
……捨てるの？　思った。
捨てるなら、２００グラムの値段で入れといてぇや！　強く思う。

あれは、マカナイ行き、なのかも知れない。あるいは、切り落としステーキとして売るのかも。
でも、売り物にするなら、ちゃんと名付けてほしい。

「度重なる失敗での余り肉ステーキ」と、名付けてほしい。

僕は、何じゃこいつ、という視線だけを送り、計りを見る。

店員が言う。

「これで、よろしいですか？」

それ聞いて、僕は、はっきり言う。

「僕、200グラムで頼んだんで、あと30グラム削ってもらえますか？」


返事もせんと、黙って、切ってた。

何じゃこいつ。


おのれらが、200グラムからです、言うたんやろ！

なんで、150グラム食べたかった奴が、230グラムも食べなあかんねん。80グラムも多いし。

なんなら、195グラムぐらいにする、気遣いはないのか？

二度と来ない。決定した。
それから、一度も行っていない。
別の美味しいステーキ屋さんがあるので……そちらに、しょっちゅう行っています。
おやすみなさい。

のりおタイム

一ステ目と二ステ目の合間に、タバコを吸っていた。

NGKの三ステージ。

NGKの喫煙所は、エレベーターのすぐ横にある。四人入るとギューギューになる。衝立だけで仕切られた、密閉していないスペースだ。

西川のりお師匠が、エレベーターの前に現れた。

「どうや、車の調子は」と尋ねられた。

僕が86に乗っていることを知っている。師匠の息子さんも乗っているらしく、前にその話で盛り上がったことがある。

「もう故障ばっかりですわ」と僕は答えた。

そのとき、エレベーターの扉が開いた。

「でも古い車やから、部品もうないやろ?」と言いながら、のりお師匠はエレベーターへ乗り込む。

「一応、部品はあります。人気車やったんで」

「ほんまかいな、でも一つ一つ値段が……」

エレベーター、閉まった。質問の途中で閉まった。

ボケている感じはなかった。

のりお師匠は、真剣そのもの。


普通なら、内側の「開」のボタンを、少しの間、押して、「ほんだらまた」ぐらいは言う。しかしのりお師匠は、そんな既成概念の中では生きていない。のりおタイムで生きている。

たぶん、お昼ご飯を、外に食べに行ったのだと思う。絶対に自分のペースは崩さないスタンス。

たぶん、あの調子だと、お昼を食べ終えて、またＮＧＫに戻り、一階からエレベーターに乗って、喫煙所のある三階に着いて、扉が開いた瞬間、

「値段が高いんやろ、どんどん数が減っていくしな」

と、続きをいきなり、喋り出してくるかも知れない。

そして、いないのを確認してから、黙ると思う。

美容院で髪を切ってもらっていても、時間が来たら、急に家に帰りそう。　のりおタイム。

相手が話しているときでも、平気で電話切りそう。　のりおタイム。

なんやったら、自分が喋っている途中でも切りそう。　のりおタイム。


僕の親父も、独特だ。

親父が、新聞を片手に僕と会話をしている。

三ターン目ぐらい、僕が質問をする。

今まで普通に会話していたのに、急に無視される。


これ、よくあった。

もう親父、新聞モード。　西森正雄のまさおタイム。


想像したくなる。

のりおタイム VS まさおタイム。

夢の対決。

師匠が、僕の実家の鉄工所に一人で訪れる、町ブラロケだ。

「ごめんください」

今、工場は親父が一人でやっているので、当然、正雄が出る。

『ああ〜、どうも、これはこれは、いつも洋一がお世話になってます〜』

「このあたりに、西森君の実家の工場があると聞いて来たんですわ〜」

『あ〜、そうですか〜』

「床が、ぬるぬるでんなぁ〜」

『油が染み込んでもうてますねん』

師匠は、工場の奥まで進み、いろいろ物色する。

「ほんでこれは、何を作ってまんの?」


正雄、ここで無視。　まさおタイム。

いつも通りの作業をして、師匠を無視。　まさおタイム。


「あの、これは何を作ってまんの?」

しかし正雄は、また無視。

師匠は特に、なんで無視するのかと聞くこともなく、工場の機械に向かって、

「ツッタカター、ツッタカター」

のりおタイム。

カメラマンはそれを引きの画《え》で撮る。

そのまま何のあいさつもなく、のりお師匠はツッタカターのまま、工場を出て行く。


終了。


出た後も、のりお師匠は、工場のことには全く触れない。怒っている訳ではない。

勝敗はなし。ドロー。


このロケが実際に行われることを願って。

おやすみなさい。

ムスメとウノ

夜、五歳ムスメと、ウノ。

教えながら、やる。
なかなか、覚えが速い。

ドローを教えるのに、骨が折れた。

次の相手を攻撃するというカード。
子供からすれば、「なんでそんなことするの？」だ。
仲良くしなさい！　と普段、言うくせに……なんで攻撃するの？　である。

積んであるカードを、勝手にすぐ見る。
強そうなものを、選んで、取ろうとする。

見てはいけないと、忠告。

カードを持つ僕の手と、顔の間に……自分の頭を突っ込んで、覗いてくる。

見てはいけないと、忠告。

カードを、配らせもした。

カードをよりながら、自分のところに、良いものを集中させている。

見てはいけないと、忠告。

しかし、守らない。

相手の僕のところにも「ドロー4」を入れすぎて、自爆してた。

色も数字も全く関係ないカードを、何回も出す。

よく見なさいと、忠告。

「わりぃ、わりぃ」みたいな、リアクション。

またも、何の関連もないカードを出してきた。
忠告する。
自分が、そのカードを出したすぎて、ルールが蔑《ないがし》ろになっているようだ。
欲が剥きだしで、ルールを覚えられずにいる。
欲の塊。
見た目が子供で、可愛いから、許されるだけで……欲の塊。　強欲《ごうよく》。
子供は強欲。
将棋で……飛車が、斜めに突っ込んで来る。
子供は強欲。
よーい、ドン。「パパ〜、速すぎる〜……今度は、遅い人が勝ちな〜」
子供は強欲。

チップスター、片手に十枚ずつで、仁王立ち。
子供は強欲。
テレビとの距離二十センチで、「プリキュア」鑑賞。
子供は強欲。
滑り台の順番待ち。こちらをガン見しながら、割り込み。
子供は強欲。
目の前の皿に分けられたグミではなく……まず、弟のものから、食べだす。
子供は強欲。
使わないレゴブロックを、死守。
子供は強欲。
お好み焼きをひっくり返す権利の、奪い合い。

子供は強欲。
意味のない場所の、確保。
子供は強欲。
親子丼の上だけを、完食。
子供は強欲。
子供は強欲。
おやすみなさい。

明日の予想日記

ツイッターのフォロワーの人に頂いた企画を、実行します。
明日のことを予想して、日記を書きます。
そして、次の日に、どれだけ予想と現実に誤差があったか、書き記します。

明日は、テンダラーの浜本さんとゴルフに行く。これは、本当の予定。
今回は、いつもより、かなり時間が遅く、スタートが午前十一時三十分だ。これも本当。

では、予想します。

朝八時三十分。年に一度あるか、ないかぐらいの快眠で、すっきりと目が覚める。
体が軽くて、仕方がない。

トライアスロンに予定を変更しようかと考える。浜本さんに悪いので、やめる。

ゴルフに行くとき、いつもヨメは少し不機嫌だが、今日は、上機嫌。

「パパ、頑張ってきてね。遊びも本気でやらないと、仕事も頑張れないよ。行ってらっしゃい」

『おう、行ってきます』

この時点で、悪いスコアが出る訳ない、と確信する。車に乗って出発。

道が空いてる、空いてる。通常五十分で着くところが、三十七分で着いた。

ゴルフ場のカウンターで、チェックイン。カウンターの店員が言った。

「モンスターエンジンの西森さんですよね」

『はい、そうです』

「え～、本物～。今日はプライベートですか？」

『はい、そうです』

「え～、すごい。ちょっとこれ内緒なんですけど、どうぞ」

『なんですか、これ』

「従業員だけがもらえる、70％オフ券です」

『えっ、いいいんですか』

「はい、使ってください」

『ありがとうございます』

「どうぞ、どうぞ」

『じゃ一応、一言、言わしてもらっていいですか。私は神だ』

「キャ～、本物～。キャ～、幸せ～」


そしてプレーがスタートした。ほぼタイガー・ウッズだった。

ベストスコアは84だが、この日は、初の70台、79で回ることができた。

浜本さんも褒めてくれた。

「西森、すごいやんけ。70台なんて、もうセミプロやん。ちょっと少ないけど、祝儀《しゅうぎ》の十万円」

『いや、こんなん、もらえません』

「ええがな、初の70台やから、とっとけよ」

『いや、いつもお世話になってるんで、本当にいいです』

「そうかあ、じゃ、また飯でも行こうか」

『ありがとうございます』

全てスムーズにいって、ゴルフ場を出る。

帰りに、信号待ちでたばこを吸おうと、上着のポケットを探る。十万円入ってた。

『浜本さ〜ん！』

そんなにしてまで、僕に祝儀を。ありがたい。子供のおもちゃと、ヨメにプレゼントでも買おう。

そして自宅の駐車場に着いて、ビックリする。

ガソリンが全く減ってない、奇跡だ。

家に着いて、家族団欒《だんらん》でご飯を食べる。良い肉のしゃぶしゃぶ。

全て完璧。夜十一時に寝る。


おわり。

おやすみなさい。

明日の予想日記・結果

朝、全くすっきり目が覚めず、だるい。体痛い。フットサルの筋肉痛が今日に来た。早く目が覚めて、そこからも寝られず、しんどい。遅れるよりはマシだと思い、早めに家を出た。

僕「行ってきます」

ヨメは、ほぼ無視。こちらを見もしない。子供、テレビ、見っぱなし。

早く家を出たので、少しぐらい道が混んでても平気だなあと思ってたら、無茶苦茶、空いていた。予想の三十七分より早い、三十分で着いた。

スタートまで一時間半もある。やることがない。必要以上にウンコを捻り出す。

スタートの三十分前、浜本さん到着。

この日はお客さんが少なく、二十分早くスタートできた。浜本さんは着いて十分後に、もうボールを打っていた。スムーズの化け物だ。

僕のゴルフの成績は、最悪だった。

シャンクの連続。シャンクとは、ゴルフクラブの「打ってくださいよ」という面の部分ではなく、棒のところで打ってしまう現象だ。

根元のところで打っても、飛ぶ訳がない。フェイスといわれる面の、中心で打つから飛ぶ。

シャンクすると、ペキーンという音が鳴り、流し打ちになる。しかも十分の狂いもない流し打ちだ。

六回連続でなったりもした。ボールが無くなる、無くなる。

今回は、安いボールを買って行った。ゴルフ場でOBとか、池とかに入ったボールを綺麗に磨いてから売っている、ロストボールというやつだ。

その安いロストボールを、また池や林の中に返す。

言うなれば「ロストボール返し」だ。

計二十球を林や池に返してあげた。二十ロストボール返し。行きしなより、ずいぶんゴルフバッグが軽くなっていた。

もちろん浜本さんからの祝儀もなし。

なんならボールだけで二千五百円分、無くなった。

一球も無くさないときもある。それに比べると、無くしすぎ。
ベストスコアは84。予想は79。
実際は、113。
二十球無くした割には、まだ、ましだった。
夜、普通飯。
思い通りに行きません。
おやすみなさい。

駅構内での

地下鉄の駅の、貼り紙をみた。
「駅構内での暴力は、犯罪です」
いや、どこでもや！
誰が、考えたんや！
で……誰が、このキャッチフレーズ、採用したんや！
「お客様～、お客様～、駅を出てから、お殴りください～」言うんか！
「駅構内では、犯罪になります～」言うんか！
「一旦、外へ出て頂いてから、お好みのパンチを～」言うんか！

「駅構内は『禁パンチ区域』となっておりますので〜」言うんか！

言うんか！

おやすみなさい。

ブレブレ君

早朝からロケだった。

お寺に行き、座禅を組んで、精進料理を食べた。

そのお寺の副住職が、ロケの前に色々と注文をつけてきた。

「そこからこっちは、景観的に美しくないので映さないで、寺のイメージが崩れてしまう」

「寺の名前も、正式名称で述べてほしい」他も、いろいろ言われた。

大林が寺の名前を前半だけで言うと、

「すいません、カメラ止めて下さい」やり直しになった。

副住職に案内されて、座禅をする場所へ。撮影しながら移動した。

案内されてすぐの、まだ屋外の、砂利のところに……ビッグスクーターが停まっていた。

その時間、一般人は僕等だけだったから、この寺の坊さんのものに違いない。

副住職は何も言わない……でも完全に映っている。
そのまま、スルー。

それは、ええんかい。なんちゅう感性しとんねん。思った。

絶対、ビッグスクーター、映ったらあかんと思う。
一番、景観、乱してる……でも、それは良いみたいだった。
この人が後輩だったら、「ブレブレ君」と呼んでいる。

そして、いざ座禅。長々と、人の心と呼吸法を説いてはった。
「できれば、腕時計は、外すように」と言われ、外した。
座禅を組む直前、副住職は線香に、プラスチックの百円ライターで、火を付けた。

いや、それは、ええんかい。なんちゅう感性しとんねん。

何百年も絶やしていない火を、どっかから持ってきて、点《つ》けるんちゃうんかい。

エメラルドグリーンの百円ライターで、「ジャッ」て、すな！
その方程式なら、腕時計はＯＫちゃうんかい。
雰囲気を出す為に言うただけかい。

ブレブレ君は、邁進《まいしん》する。

昔ながらで統一しているのでは、ないのか？
だから「ケサ」とか着ているのでは、ないのか？

じゃあ、もうＧパンでええし。
ビッグスクーター、百円ライターがありなら……
もう「Ｇパン」に「ポロシャツ」でええし。

「百円ライター、ビッグスクーター、ケサ、腕時計……………仲間外れは、どれ？」

『はい、はい！　……ケサ』

《ブー》

「正解は、腕時計です」

分かるか〜。

西森コンピュータをフル稼動して、ギガを全て使い、なおかつ課金して、いろいろな角度から総合的に考えた結果、

「頭を丸めて、コスプレしているだけの人」という結果になりました。

設定を貫くって難しいですね。一回、コントしてみたら、ブレブレ、治るかも。

おやすみなさい。

ベロベロのオジサン

とうとう、この日記によって、普段の生活が狂ってきた。
変なことをしてしまった。

自転車で、ラジオからの帰り、真夜中に、いつものようにコンビニへ寄った。
買い物を終えて、帰ろうとペダルに足をかけたとき、同じく買い物を終え、
自転車に乗ろうとするオジサンがいた。
オジサンはベロベロに酔っていた。
鼻歌をうたい、千鳥足で自転車に乗ろうとしている。
ペダルから足を踏み外し、こけそうになった。

そのとき思った。「ちょっと付いていったろう」

いやいや、おかしい。付いていかなくて良い。

日記をつけていなければ、すぐに帰っている。日記のせいで思考回路が狂ってしまった。

というか、本当なら、オジサンに対し一言、

「そんなに酔って運転したら、危ないですよ」と言うべきだ。

何も言わず、ただ付いていく。一番やってはいけない行為だ。

ものの二、三秒で、「付いていったろう」となった。

付いていって、すぐ思った。

「このオジサン……死ぬ確率、むっちゃ高いぞ」

「ふらふらやし、轢《ひ》き逃げされたら、今は夜中で人通りも少ないし」

「死ぬ確率、むちゃ高いぞ」思った。

ということは、もし轢かれた場合、助けるのは、僕だ。

やってしまった。わざわざ付いていって、助けない訳にはいかない。

見殺しにすれば、一生その罪悪感を背負ったまま、生きて行かないといけない。

マジで、いらんことしてる、最悪だ。

オジサンは、立ち漕ぎしだした。

「やめてくれ、ベロベロで立ち漕ぎは、マジやめてくれ!!」

「責任を取るのは、俺やぞ!!」

「正気か!!」

一回右に軽く車体を振ってから、するどく左へ曲がった。

「やめろっ、ツール・ド・フランスか!!」

「ベロベロのくせに、何をするどく曲がっとんねん!!」

オジサンは、団地の敷地に入ろうとした。

鉄の棒が1・5メートル間隔で、並んでいる。

一切、スピードを落とさず、また、するどく曲がりながら、鉄の棒の間へ。

「マジでやめてくれ、ちょっとでも鉄の棒に当たって前のめりにこけたら、そのスピードでは大ケガやぞ!」

「家族は、おらんのか。五十代に見えるけど、オジサンは独身なんか!」

オジサンは、ギリギリで棒の間を通過した。

そして、ほぼスピードを落とすことなく、自分の所定の位置へ、自転車を止めた。

「あっぶね〜、もうちょっとで人が死ぬところ、見るはめになったで〜」

「あぶない、あぶない」

次からは、絶対にやめよう。

おやすみなさい。

眼鏡

漫才劇場、四回出番。
死ぬまでに、あと何回漫才するのか、と思う時がある。
特殊な眼鏡で見られたら、いいのに。
かけると、人の頭の上に、死ぬまでにあと何回漫才するか、数字が出る。
名付けて「生涯漫才残数認識眼鏡」。
劇場にいれば、何万回もの数字が出る人がゴロゴロいるだろう。
眼鏡かけて、何となく師匠見て、頭の上に……「2」……怖ぇ〜。
死ぬやん……怖ぇ〜。
今日は四回出番で、その師匠はまだ一回しか出てないはず。でも頭の上に、「2」
……怖ぇ〜。
三回目の出番の後、死ぬやん……怖ぇ〜。

笑《わろ》てる、笑てる、普通にしてる……でも、あと二回。怖ぇ〜。

テレビ見て、「あれ、もう長ないで」言うてる。

でも、あと二回。怖ぇ〜。


帰宅途中、スーパーで買い物。眼鏡はかけたまま。

普通の社会では、誰も頭の上に数字は出ていないので、眼鏡をかけていることを忘れている。

レジで会計、「二千三百六十円です」

レジのおばちゃんの頭の上に……「3」

「なんで〜？　結婚式とかでか？　いつ、どこで？」

むっちゃくちゃ気になる。話しかけたい。

眼鏡かけてもらって、俺のも見せたい。

ほんで説明して、「3って出てますけど」って言いたい。

「子供らも、もう自立して、暇やから、M-1にでも出ようか思いまして」

「3」てことは、三回戦まで行っている。すげ〜。

眼鏡欲しい。

おやすみなさい。

武智さんとカラオケ

スーパーマラドーナの武智さんと和牛の水田と、知り合いが経営している焼き鳥屋へ行った。

お店の二周年のお祝いだ。

なんやかんやで、最終的に武智さんと二人で飲んでいた。朝五時半まで飲んでいた。

武智さんと飲めば毎回、二日酔い。

知り合って十六年になる。武智さんに勧められて、僕は二十六歳からお酒を始めた。

パチスロも武智さんに教わった。僕がまだ東大阪の実家に住んでいる頃、よく、朝の八時ぐらいに電話があった。

「難波来《き》いや、パチスロ打ちに行こうや」

武智さん宅は、難波近辺だが、僕は東大阪なので遠い。家の近くにパチンコ屋さんも沢山ある。

「誰がそんな所まで行くかぁ〜」となるはずだが、その頃は、普通に行っていた。お笑いの仕事もないので暇だった。

で、たいがいは、勝っても負けても武智さんの家に行く。だらだらゲームする。夜に他の芸人も呼んで、マージャン。

武智さんの現奥さん、そのとき彼女と、武智さんが同棲する家に、最長で五日間連泊したことがある。

何日目かに、僕と奥さん二人だけの日があって、気まずかった。

自分が死ぬ直前って、どうでもいいことを思い出すと思う。

だからこの気まずかったことを、思い出しそう。

一番良かった、感動的な出来事をメモしておいて、毎朝読み上げていないかぎり、このような、どうでもいいことを思い出すと思う。

そして、「違う、違う、この思い出じゃない。もっと良いのを〜」と叫びながら死んでゆく。

だから、「奥さんと二人だけで気まずいなぁ」は「死ぬ直前、思い出プレイバック」にランクインだ。

「先生、僕ね、胃ガンなんですわ」

これも、ランクイン。

「過酷」

ランクイン。

「これ、気に入ってたヤツや……」

ランクイン。

「ご飯の大を頼む後輩リスト」を、作っておこう。

ランクイン。

『西森は最初よく洗うこと。　カムバックデンジャラスあり』

ランクイン。

「昨日、何時に寝たと思う？」

「え？　分からん」

「…………………………………十一時～！」

ランクイン。

「だって、すぐ、消えてなくなるから」

詩人か！

ランクイン。

「この技、簡単そうに見えますが……」

見えるか～！

ランクイン。

「砂かぁ……」

ランクイン。


「いや、誰かが勝手に捨ててる思たんや」

『誰が捨てるん、そんな高価なもの』

「分からん。分からんから、材料屋さんに売ったわ」

『なんぼになったたん？』

「百円」

『百円？　あんだけコツコツ貯めて百円？』

「向こうも、専門ちゃうからな」

ランクイン。

後藤への注文をちょうど忘れた頃、無言で後藤は出て行った。

ランクイン。

「ごめ〜ん」
謝るムスメの、トーンは軽い。
『痛ったぁ〜……ちょっとこれ、血ぃ、出てない？』
「出てな〜い」
ひと安心。どれぐらい腫れているか、洗面所へ行き、鏡で確かめた。
思いっきり、血が出ていた。

ランクイン。

コブクロの給料明細書に「ＭＲＩ分」って項目は、あるのか？

ランクイン。

「洋一……パン食べるか？　重ちゃんが買ってきてくれたわ」

ランクイン。

喧嘩している後輩コンビに変顔し、狭い狭い隙間を、わざわざ壁に背中を、擦りつけながら通りすぎ、無視される。

ランクイン。

「ネギ、買いに行こう」

ランクイン。

「もしもし、自転車屋さんですか？」

ランクイン。

「ちょっと、おしり、触りますよ～」
「切ったとこ、触ったらアカンでっ！」

ランクイン。

「パパ、オムツの中に、ウンコあるんちゃう？」

ランクイン。

韓国人、高槻へ行った。

ランクイン。

オシッコしようとしたら、チンコ、真っ白やった。

ランクイン。
沢山のオムツ見て、「宝庫や！」
ランクイン。
嬉しさと、痛さが、相殺して、トータルで無の顔になっていた。
ランクイン。
おやすみなさい。

むかし

夜、ヨメはお出かけ。五歳ムスメ、三歳息子、僕の三人きり。

今日は、僕が晩ご飯を作り、風呂に入れ、寝かしつけまでやる日。

「私……昔は、めっちゃ可愛かったなぁ」

テレビを観ていた五歳ムスメが、突然、言い出した。

『何が？』何となく理解はできたが、カウンターキッチンの中から、一応聞いてみる。

「私……昔は、めっちゃ可愛かったなぁ」

まだ五年しか生きてない者の昔。しれている。

確かに人間は、二歳前後が、一番可愛いだろう。

五歳で既に、そのことを理解していると思うと、末恐ろしい。

「あっくんも、めっちゃ、可愛かったなぁ」ムスメが、弟のことも査定。

息子の方は、三歳なりたてで、今も全盛期のはずでは？　思うが、昔は可愛かったらしい。

どうでも、いいので、

『ああ、そうやなぁ、可愛かったなぁ』肯定しておく。

「私も、昔は、めっちゃ可愛かったなぁ」何度も自画自賛……しつこい。

『ああ、そうやなぁ、可愛かったなぁ』ご飯を作りながら、上の空で、答えておく。

「あっくんも、昔は、めっちゃ、可愛かったなぁ」

『ハイハイ、そうやなあ』

「ママが、可愛いからやでっ!!」

急に、怒鳴ってきた。　とてもキツ目に、怒鳴ってきた。
お前の遺伝子は関係ないからな！　という意味で、怒鳴ってきた。
関係のないお前が、適当な返事をするな！　という、意味合いもある。
これ以上、無いぐらい、目を見開いて、こちらを向いている。
『X-メン』の、あいつぐらい、ビーム出しそう。
ムスメは、さっきまで、『ドラえもん』を観ていた。
今もテレビでは、録画した『ドラえもん』が、流れている。
普段、ムスメはアニメを観ているときに、こちらが話しかけても返事をしない。
三回目の呼びかけで、ようやく小さい返事を、するぐらいだ。
それが今は、『ドラえもん』そっちのけで、台所の僕を、穴が開くほど見てきている。

たぶん、これは、叱られている。

お前が、もうちょっとましなら、私はもっと、可愛かった！　と、叱られている。

何でも、ハッキリ言う。誰に似たのだ。

『ああ、そうやなぁ』全然、余裕でっせ、という空気感で答えてはおいたが……

ちょっと、怖かった。

あの、五歳のボディーと声帯で出せる、限界の威圧を感じた。

おやすみなさい。

あとがき

はじめの一年は、手書きで日記を書いていました。徐々に徐々に、不本意ながら筆圧が強くなり、自分では止めようが無く、指が馬鹿になりました。

手書きをしていた最後の時期は……書き出して三分で、なぜか小指が痛くなり、書けない状態へ。


今は携帯のメモに、フリック入力で、打っています。

他の漫才、コントのネタも、携帯のメモに。

携帯の重要度が、日に日に増しまくりです。

最近では、電車の乗り降りで、ホームと電車の間に、落としたらどうしよう……そればかり考え、携帯を両手で抱きしめながら、乗り降りしています。


全て、日記のせいです。

行動パターンも、変わりました。これまでは、一人で夜、外食することはなかった。しかし今は、好きになりつつあります。食事中、たまに、絡まれます。でも、その一部始終を日記に書いて、やり返すのです。

泣きながらパンチする少年を、僕はまだ、がぜん続行中です。

なので、絡んできた、イタイシロートが、ええ感じにイタくないと、そっちに怒ってしまいます。

もっと、盛大にイタくあれよ！　その場で、言ってしまいそうです。

イタイことに、怒る訳ではなく……ええ感じにイタくないことに怒るのです。

自分の子供が、きっちりとした文法で、喋れるようになると……

成長したなぁ、ではなく……おもろないなぁ、と思ってしまうほど、歪な生活を送っております。

今のところ、死ぬまで続けようと思っています。

また、年三回ペースで、読んで下さい。新しく出れば、買って下さい。

何十冊も出れば、それも全部買って……それぞれを年三回ペースで読んで……振り回されて下さい。

ありがとう御座いました。

西森洋一

西森洋一
にしもり・よういち

1979年、大阪府東大阪市生まれ。お笑いコンビ、モンスターエンジンのボケ担当。2016年の元日から日記をつけ始める。毎月1回、1ヶ月分の日記を朗読する「日記朗読ライブ」を開催中。2017年、「モノづくり東大阪応援大使」に就任。

YouTube　「モンスターエンジン西森チャンネル」
Instagram　@nishimori_monster
Twitter　@2431ae86

声を出して笑っていただきたい本

2018年12月13日　初版発行
2019年 1 月17日　2刷発行

著者　西森洋一

発行人　藤原寛
編集人　松野浩之

デザイン　武藤将也（NO DESIGN）
　菅原慧（NO DESIGN）
DTP　鈴木ゆか
撮影　さわいゆき
編集　南百瀬健太郎
マネジメント　中川天
営業　島津友彦（ワニブックス）

発行　ヨシモトブックス
〒160-0022　東京都新宿区新宿5-18-21
☎ 03-3209-8291

発売　株式会社ワニブックス
〒150-8482　東京都渋谷区恵比寿4-4-9えびす大黒ビル
☎ 03-5449-2711

印刷・製本　株式会社光邦

ISBN 978-4-8470-9738-6